光文社知恵の森文庫

長倉顕太

なぜ、自己啓発本を読んでも成功しないのか？

99%の凡人のための生存戦略

『超一流の二流をめざせ！』改題

光文社

本書は『超一流の二流をめざせ！』（二〇一五年九月　サンマーク出版）を改題、加筆修正し、文庫化したものです。

文庫版　まえがき　人体実験の結果

「どんな本を読めばいいですか？」

とよく聞かれる。私が読書術の本を書いていたり、ＳＮＳなどで読書の重要性を説いていたりするからだろう。

そこで答えるのが、

「読んだあとに気持ちの悪くなる本を読んだほうがいい」

ということ。つまり、本書は「気持ちの悪くなる本」になっている。なぜなら、現実的なことを書いているからだ。一方、本書のタイトルにもある自己啓発本はどうだろうか。おそらく耳当たりの好い言葉だらけだ。そして、ここに自己啓発本の問題がある。

私は出版社に勤める編集者だった。多くのベストセラーを手がけてきたが、その中に自己啓発本も多く含まれていた。だから、私は自己啓発本が悪いとは思っていない。

私は宗教が浸透していない日本では自己啓発本は必要だと思っている。生きる基準を持つためだ。

ただし、自己啓発本が耳当たりの好い言葉を使いがちなため、多くの人が「気持ち良くなって終わり」という間違った読み方をしているのだ。

本書は「自己啓発本の読み方」を、実際にベストセラーを作ってきた編集者が説明するもの。

出版社に入った当時、私には疑問があった。それは、

「なぜ、自己啓発本を作っている編集者が成功していないのか？」

と。だから、私は自己啓発本に書いてあることを徹底的に実践した。その結果、成功と言えるかわからないが、

「年収は30倍以上」

「家賃100万円以上の部屋に住む」

「海外と日本の二拠点生活」

「ハワイにコンドミニアムを所有」


などの結果を出すことができた。

だから、本書で私が紹介する内容は「人体実験の結果」でもある。

いよいよ世界は混沌としていく。だからこそ、本書で書いたことで多くの人が覚醒してほしい。最後に私の好きな哲学者エリック・ホッファーの言葉を紹介する。


「幸福を追求すること、これこそが不幸になる主な原因である」

成功を求めて自己啓発本を読むから成功できない。では、どうすればいいのかを本書で明らかにしていく。

「あとがき」で会いましょう！

序章 「世界一〝残酷〟な成功法則」へようこそ

私が今回、筆を執ったのには理由がある。

これまで電子書籍を十数点、自力で出してきたが、じっくりと腰を据えて原稿と向き合い、出版社の編集者と組んで本を書くのは初めての試みである。

これまで断り続けてきた紙の本の原稿を執筆するには、強烈な理由があるんだ。

そろそろ真っ向からしっかり書きたくなった。

長年、出版業界やコンテンツビジネスの世界に身を置いてきて、**これは伝えておかないとヤバいな**、と強烈に思うことがある。

その熱が、私にこの本を書かせる決心をさせた。

挑発的な書き方や内容になるだろう。

読者によっては嫌悪感を抱いてしまう人もいるかもしれない。

「世間で知られている〝成功法則〟とはあまりにも違うじゃないか！」

そんなお叱りを受けるかもしれないが、すべて甘んじて受けよう。

そうした批判を受けたとしても、今伝えなくては世界がダメになると思っているからだ。

私がこれまで携わってきた仕事の内容と矛盾することもあえて書くことにした。躊躇《ちゅうちょ》せず、腹の中にある異物を吐き出すようにして、自分がやってきたことについても言及していく。

そのうえで、世の中には簡単に人生がバラ色になるような安直な「成功法則」など、どこにもないことを理解してもらいたい。大半の人たちが気づかないうちに「どこかの誰かの人生」を歩かされているカラクリを伝えたい。

そして、だからこそ、「自分だけの成功法則」を手に入れることができることを知ってもらいたいのだ。その過程においては、常識と非常識の狭間《はざま》に立つことだって少なくないので、苦しみを伴うかもしれない。路頭に迷うような不安感に襲われるかもしれない。

しかし、これまであなたが抱いてきた、ちっぽけな価値観や志の類いは、この際、捨てていただきたい。そして、真の己と向き合ってみてほしい。

コンピューターやスマートフォンが誰の日常生活にも当たり前の存在となり、ブログやツイッター、フェイスブックをはじめとするSNSが発展していく中で、あまりにも**クソな情報**が世の中に蔓延《まんえん》しすぎた。そのおかげで、普通に生活をしていた普通の人の、人生や性格などが狂い始めていると感じることも多くなった。

ほとんどの人が目的やゴールを「自分の外」に見つけようとし始めたため、自分自身がわからなくなり、人格が破綻する人も少なくない。

ネットの中では饒舌《じょうぜつ》そうに見えて、実はリアルな世界の中で人とうまくコミュニケーションが取れない人も、どんどん増えている。

私が使った「普通」という言葉の意味さえ、今ではとても曖昧なものになってしまっている。何が「普通」で何が「特別」なのかの境界線も同じで、これだけ世の中に格差が生まれていても、大半の人間が自分は中の中か、もしくは中の上だと思い込んでいる。

そして、みんながみんな、「幸せ」の定義もわからないまま、「幸せ」を追い求めて苦しんでいる。それが「誰かの幸せ」とも気づかずに。

私流の言葉で表現するなら、この世は、本来「**ちょろい**」はずなのに、クソな情報に惑わされて多くの人が人生を無駄にしているように見えてならない。そう強烈に思わずにはいられないのだ。

私自身はどうかといえば、サラリーマン生活を辞め、完全に独立してからは、たくさんの仲間や出会った方々に支えられながら、ようやく自分の人生を自分の足で歩き始められた気がしている。

東京とハワイの住まいを行ったり来たりの生活をしながら、本のプロデュース業やコンサルタントの仕事以外、英語もできないのにアメリカで会社を立ち上げたり、はっきりいって、**世の中をなめている**ような生き方をしている。

では、どうして、そのような生き方ができるかというと、**インチキな情報を見極める目**があったからだと思っている。それは私が「編集者」という、人をプロデュースする職業の最前線にいたから養われた能力なのだろう。

私はこれまで、出版社時代の10年間で累計１０００万部以上も読まれた本を手がけてきた。それも成功法則、ビジネススキル、心理テクニック、会計、英語学習、ダイエットなど、ジャンルは多岐にわたっている。

そして本だけに留《とど》まらず、ＣＤやＤＶＤなどの教材や著者のセミナーもプロデュースして、それらの実績もしっかり数字を叩《たた》き出しながらビジネスを形にしてきた。

本書では、私がどのようにして仕事を進めてきたのかも詳しく書いてみたい（第3章　自分の人生を手に入れる「世界観」のつくり方）。

おわかりかと思うが、手がけてきた仕事はすべて**人間のコンプレックス**を刺激したジャンルである。そんな場所で10年間を費やし、累計数百億円もの売上を生み出してきた私だからこそ、あまりにもクソな情報によって、多くの人が人生を無駄にしていることが手に取るようにわかる。

「なぜ、そうなってしまうのか？」という「カラクリ」もわかる。ある意味、コンプレックスを刺激するのは本当に簡単だからだ。

この「カラクリ」を明らかにすることで、多くの人が「**自由自在**」に人生を楽しんでもらいたいと思いながら、本書を書いている。そして、この「カラクリ」を知っているのと知らないのとでは、人生はまったく変わるという点において、私には自信がある。

本書を読み終えたあなたは、間違いなく成功できる人になると断言しよう。なぜなら**人の持つ**「**特性**」**とあなたが置かれた**「**環境**」を理解することができるからだ。

1%の大成功者と99%の凡人たち。
99%に値する人にこそ読んでもらいたい。

これが本書の底流にあるメッセージである。あなたや私がいる場所は「99%エリア」なんだということを、まずは自覚するところから始めていただきたい。

私はある意味、情報を発信する川上の立場にいる人間だが、多くの人は「情報に対して無防備すぎる」と昔から感じていた。情報そのままを疑いもなく受け取り、そのままに反応して右往左往し、それをまた他の誰かに拡散していく……何の迷いもなく。そのくり返し。踊り、踊らされ、疲弊していくのだ。

とくに、心身ともに弱ったときに、そういった情報があなたの心にすっと入ってくる。その心地よさゆえに、あなたは情報を鵜呑《うの》みにしてしまうのだ。

だからこそ、私は本書を「成功法則オタク」や「スピリチュアルおばさん」といった人たちだけでなく、「普通の人」にこそ読んでいただきたい。

今まで成功法則やスピリチュアルといったものに関係なかった人たちにも。

そう、世界を相手に大成功するたった1％には間違いなく入れない、99％の中で生きている人たちにこそ、心して読んでいただきたいのである。

アリストテレス以来、最高の論理学者の1人と称され、ノーベル文学賞も受賞している私の好きな哲学者バートランド・ラッセル。彼が残した名言に、次のようなものがある。

「知的な意味で著名な人々の大半はキリスト教を信じていないが、大衆に対してそのことを隠している。なぜなら、彼らは自らの収入が減ることを怖《おそ》れているからだ」

この言葉の真意がおわかりだろうか？

ラッセルは、大衆が何によって動かされ、そこに金銭を投下しているのか、その神髄をたった一言でいい表しているのだ。

知的な1％に入る人たちはわかっている。

人々が何に反応し、どのような情報や現象によって動くのかを……。

これと同じようなことが、今の日本にも起こっている。クソな情報を流し、人々のコンプレックスにつけ込んで金儲《もう》けするような連中が急増しているのだ。何を隠そう、私自身も以前は同じ穴の狢《むじな》だった。だからこそ、今の日本で何が起きているのか状況がよくわかる。きっと、踊り、踊らされている本人たちは気づいていないかもしれないが、本当に恐ろしいことが起こっているのだ。

もっとシンプルに考えろ！

誰もが情報発信できること、それ自体が悪いとは言わない。中にはきちんと実践と経験を積み、真摯な気持ちで取り組んでいる人たちだっている。
ただ、幼稚で中身のない安易な情報が、あまりにも増えすぎていることも事実なのだ。そして、そのような状況が次の現象を生んでしまう。

○くだらない外国人を呼んできては、無闇やたらにハイタッチをしたり、ダンスをさせたりする霊感商法セミナーのカリスマ系
○「ありがとう」とか「感謝」とかを連呼すればいい、何とかなる！　みたいなインチキ「スピリチュアル」教祖系

○ひたすら「私はできる」と唱えさせるような「潜在意識」大好き心理学オタク系

そのような人種がやたらと増えて、多くの人たちが踊らされながら自分で考えることを放棄してしまうのである。大規模なものから小規模なものまで、ありとあらゆる場面で似たような現象が多発している。

この10年あまりのあいだに、なぜこんなにも増えてしまったのか。これをSNSのせいといわずに、何といえばいい？　これらの現象は、誰もが情報発信できる時代だからこそ出現した。

人生なんて、もっとシンプルに考えればちょろいもの。

私はあえて、そう書きたい。

本当にシンプルに考えればいいと思っている。

人の持つ「特性」とあなたが置かれた「環境」を理解して、きちんとした「戦略」を打てばいい。そうすれば無理なく成功に近づくことができる。誰かの人生を歩くことのない「あなたの成功法則」がしっかり完成するのである。

その方法を解説していこう。

ある意味、本書では感情を煽《あお》るわけでなく、淡々と成功に向けて必要な知識と武器を与えていく。なにせ、私ほどなまけもので、いい加減な人間はいないから。

でも、そんな私でも、本書で伝えることを心に刻みながら実践していくうちに、今では東京とハワイに自宅を持ち、複数の会社のコンサルティングをしたり、自らが経営者として会社を運営しながら自由自在な人生を送っていたりする。そこに個人的な成功感や幸せ感を見いだしている。

ただの「自由」ではなく、「**自由自在**」に自分の人生を動かすことができている。

この本は、おそらくあなたの今までの常識や価値観を打ち砕くことになるので、痛みを伴うに違いない。よって、こう呼んでも間違っていないだろう。

「世界一〝残酷〟な成功法則」

ぜひ、本書を読んで、楽しい人生を生きよう。

そして、人生を真剣になめていこう。

著者

なぜ自己最高をめざさないのか？

目次

Walk on the wild side

第1章　「すごい人」にはなれない現実

第2章

「不安情報社会」の闇

Sympathy for the devil

第3章

自分の人生を手に入れる「キャラクター」のつくり方

Raw power

Degenerated

第4章 落ちて落ちて「ゼロ」になれ！

第5章 「言葉」と「お金」をコントロールしろ！

Where is my mind?

Vanishing point

第6章 「死」という同伴者とともに生きろ！

装丁・目次・扉デザイン／Isshiki

第1章

「すごい人」にはなれない現実

walk on the wild side

なぜ、サソリはカエルを刺したのか？

まずは、このストーリーを読んでいただきたい。声に出して読むと物語の臨場感が増すので、音読をおススメしよう。

川を渡りたがっているかなづちのサソリが、カエルの背中に乗せてくれと頼んだ。
カエルは言う。
君を乗せたら僕を刺すに違いない。
サソリは答えた。
僕が君を刺したら両方とも溺《おぼ》れてしまうだろ。
カエルはしばらく考えて納得し、
サソリを背中に乗せ、勇敢に川を渡り始める。
だが半分まで来たところで強烈な痛みを感じ、

自分がサソリに刺されたことに気づく。
徐々に沈み始めるサソリとカエル。
カエルは叫んだ。
サソリ君なぜ僕を刺したんだ？
溺死するとわかっていながら。
サソリは答えた。仕方がないんだ。
これは僕の性《さが》だから。

これは私の好きな映画『クライング・ゲーム』（ニール・ジョーダン監督）の中で人質になった男がテロリストに話した物語である。

心優しいテロリストに向けて、誘拐された黒人兵ジョディは、「お前にはオレを殺せない」と告げてから、このストーリーを口にするのだ。死ぬとわかっていながら自分の性に逆らえなかったサソリ……（もちろんジョディは殺される）。

なぜ、ジョディはテロリストに、この物語を伝えたのだろうか？

私は、こう思う。

人は否定しようと思っていても、その**本質からは逃れられない**、という現実がある。ジョディは優しすぎるテロリストの本質を見事に見抜いていたのである。

私は世界の1%の成功者にはなれない99%の人たちに、このストーリーを贈りたい。なぜなら、私たち99%の普通の人は、「**すごい人**」**になんかなれない性を持っている**からだ。

もちろん、だからといって、あなたが成功できないわけではない。序章でも書いたように、99%の「普通の人」でも成功する方法、人生を「**自由自在**」に生きる方法を伝授するというのが本書の目的なのだから。

しかし、物語のサソリのように、逃れられない性があなたを邪魔しているとしたらどうだろうか。無意識のうちに、そのような特性があるなら、あなたはそこから離れることができないかもしれない。

自己啓発本には「当たり前」しか書いていない

では、私の体験談から話そう。

私はビジネス書を中心につくる出版社に10年間、在籍していたこともあって、向上心の高い読者をたくさん見てきた。当たり前だが、ビジネス書を読む人は、一般的に向上心が高いほうに属するといえよう。

ただ、これを読んでいるあなたも同じように感じているかもしれないが、多くのビジネス書には「**当たり前」のこと**しか書かれていない。

稀《まれ》に、強烈な体験や人生観を貫いてきた人の言葉に、胸躍る読後感を味わえる作品もあるものの、ほとんどの本には目新しいことが何ひとつ書かれていないのだ。

これが現実。

ところが不思議なことに、そういった本がベストセラーになっていく。

ちなみに、この十数年で出版社の数も書店の数も激減しているのが現状だ。

じゃあ、なぜ、私たち読者側は似たような本ばかりを好むのか。

私たちは多くの場合、安心したいと思っている。頭で理解できること以外は、なるべくなら受け付けたくない。つまり、私たちの脳は、瞬時に楽なほうへ、楽なほうへと向かってしまう傾向にある、といっても過言ではないだろう。

だから知らず知らずのうちに、自然と「聞き慣れたストーリー」や「わかりやすいストーリー」に惹《ひ》かれていく。その結果、同じようなビジネス書が売れていくのである。

これも現実。

内容的にも「コツコツやる」とか「続ければうまくいく」というような「当たり前」のことが書かれているわけだから、たしかに実行すれば効果はそれなりに出るだろう。

しかし、そのような小さな行動で、1%の成功者……その中の誰かのようにはなれない。その人の成功は、その人だけの成功なのである。その幻想からまずは離れることができなければ、「あなたの成功」にたどり着くことは不可能なのである。

「当たり前」を好む私たち

本当に「今さら」という内容の本が売れる。だから、出版社に入社した私はベストセラーを狙うにあたって、過去のパターンを徹底的に研究し、過去の年間ベストセラーに入った本を中心に調べ尽くす毎日を過ごした。徹底的に集中した。

それでわかったことは、当たり前かもしれないが、決まったジャンルのものしか売れない、ということ。そして内容は今まで語られてきたものとほとんど同じものばかりが市場に並んでしまう、という事実である。

もっというなら、売れるジャンルが順番に来るようなパターンだったので、ある程度、ベストセラーは狙い撃ちができた。

もちろん、何十万部という大ベストセラーは時代の風が味方しないと無理なので、そう簡単ではない。しかし、5万部なら狙えなくもないと判断した。実際に、私は自分が担当してきた半分近くの本を5万部以上、売れる本にしてきた。

これは何も出版業界に限ったことではないだろう。

一般的に、あまりにも目新しい商品というのは売れない傾向にあることが多い。なぜなら、それを買うのがマニアだけになってしまうから。

いわゆる「一般大衆」が潜在的に望んでいる要素……どこかウケる共通性のツボがあって、どこか安心できて、どこか馴染《なじ》みのある……それがなければベスト&ロングセラーの商品にはならない。そして、それを支持する「一般大衆」こそが、私も含む99%の凡人なのである。

凡人はストーリーが大好物

私たちの特性は、一言で表現するなら「**当たり前**」の**ストーリーを好む**というものだ。それを喜んで見たり、聞いたりする。そこでいろいろなものが生み出され、消費され、経済とも結びつきながら社会が出来上がっていったのだ。

以前、『水戸黄門』という時代劇が、世界でも類のない長寿テレビ番組としてオンエアされていた（なんと42年間も！）。

毎回、同じストーリー展開にもかかわらず、お茶の間では大人気の番組を家族で観《み》ながら（観せられながら）、私は子ども心に、「なんで毎回、同じ話なのに観るんだ？」と思っていた。

それを家族に聞いてみると、実に拍子抜けするような答えが返ってきた。

「あの印籠《いんろう》が出てくると、スカッとするんだよ」

毎回、ほとんど同じ展開なのに!?　そこで幼いなりにも感じたわけ。

「**私たちはストーリーが大好物なんだ！**」

しかも、同じストーリー、知っている物語……。

ここに私は危機感を覚える。なぜなら、私がいた出版業界の世界に置き換えるならば、自分自身の向上のために手に取ったビジネス書を読んでいくうちに、いつのまにか**「他人の物語」**に巻き込まれていくことになるからだ。そこに書かれていたのは、紛れもなく、成功した誰かの、成功したストーリーなのである。

たしかに、そこにはわかりやすいストーリーがあったのかもしれないし、もともと知っている物語だったのかもしれない。

ところが、それはとても浅い仕掛けになっていて、私たちはそういったストーリーを確認することで、実は快感や安心を得るにすぎないのではないだろうか、と感じるようになった。

さらに、危険なのは、先ほども書いた通り、そこには「他人のストーリー」があるだけであり、他人の価値観が書いてあるにすぎない。

そして、（何度も書くが）さらに危険なのが、それは「すごい人」のストーリー、「特別な人」のストーリーであり、私たち凡人の99％には何にも関係のない物語だということである。

なお、私たちがストーリー好きということに関して興味があるなら、クリストファー・ボグラーが書いた『神話の法則』（ストーリーアーツ&サイエンス研究所刊）という有名な本があるので読んでみるといい。この本は、映画や漫画など人気のあるものには、ある一定のストーリー展開があるのだということを解説してくれる。

人間が神をつくった理由

では、なぜ私たちは「すごい人」のストーリーが好きなのか。それは、私なりに分析すると、ものすごくわかりやすくて簡単な定義に集約できる。

私たちは「完全」なるものを求める生き物だからだ。

私たちは「すごい人（＝完全）」に惹かれてしまう。もっというなら、シンボリック（象徴的）なものに惹かれてしまう傾向を持った生き物だということ。

私たちは太古の昔から、古代文明の中にも完全な存在を求めて神をつくってきた。目に見える神を崇《あが》めることで大衆の心理をまとめたり、社会を統制してきたりもした。

しかし、それは何も太古だけの話ではなく、カルト的な新興宗教にはまってしまう人たちをはじめ、若いタレントに強烈な憧れを抱く人たちの心理にも似ている。そのような潜在的な欲求や（あえて書くなら）弱さを、私たちは延々と持ち続けてきたのである。

○私たちは「すごい人」に惹かれていく
○「完全なるもの」に惹かれていく

ただし、そうはいっても、これはごく当たり前の人間の心理だとも思う。

私たちは「答え」がないものには深い不安を覚えるので、「答え」がないものにぶち当たったときに、「これでいいんだろうか」「自分の選択は間違っていないだろうか」と不安になってしまう。

その不安がなくなるのは、「完全なるもの」の存在と出会うときだ。その「完全」なるものが「答え」を提示してくれる気がして、安心感を覚えるにすぎない。

後述するが、とくに戦後日本の「答え合わせ教育」は、極端に考えること、問いを立てることを排除してきた（長い間、私もそうだったように）。考える機会がほとんど与えられなかったのである。

だから、簡単に何かに自分を投影させたり、何かに全身全霊を傾けたりしてしまうのである。そのほうが楽だと思い込んでいるからだ。

わかりやすい例が「神」なわけだ。人類の多くは至るところに「神」をつくってきた。心を落ち着かせるために、幸せを手に入れるために……。

具体的な「神的な偶像」を必要としないにせよ、何かしらを崇拝しながら掟《おきて》や法律、文明を創造してきたといえよう。

20世紀以降の「経済」というシステムさえ、もしかしたら「神的な存在」をつくることと根本では変わらないのかもしれない。資本主義もお金も宗教みたいなものだ。

とにかく私たち人間は、「完全」なるものを求め続けることによって、不完全な自分たち自身の穴埋めをしようとしてきた気がしてならない。

無意味な「夢」を追い求める人たち

ここまでの話をまとめてみると、私たちは2つの大きな特性を持っているといえよう。この2つのことを自覚すると同時に、常に意識してみてほしい。

○ストーリー（物語）を求める
○完全なるものを求める

私たちは自然と「すごい人」に惹かれていく……それは、そういう性であり、そういう本能といってもいいだろう。

そして、本人だけでなく世界のメディア側もそういった「すごい人」の本を出版したり、「すごい人」の情報を発信したりする。

当然、「すごい人」たちは自分がやってきたことを、さも誰もができるような表現に置き換えて、本を書いたり、情報を発信したりするのだ。なぜなら、そのほうが大衆ウケすることを知っているからである。至極、簡単な図式である。

そうすると、私たちの多くは「すごい人」のストーリーに惹きつけられ、いつのまにか「すごい人」への憧れから、「自分の夢」まで変わってしまうのだ。その結果どうなるのか……「すごい人」になろうとする人が増えていくのである。

ところが、現実はそうそう甘くはない。

「すごい人」になろうとしても簡単になれるはずがない。

なぜなら、「すごい人」はすごいから「すごい人」になったのだ。

普通の人にはできないことができたから「すごい人」になったのである。

だから、本を読んでも、多くの人は成功できない。

では、いったい、その過程では何が起きているのだろうか。

答えはとても、わかりやすい。

そこで起きているのは非常にシンプルな事象だけである。

「完全でない自分への不安感から完全なるものを求めて、他人のストーリーにはまっていく」

そして、本来の自分とはまったく合わないことに気づかないまま、誰かの夢や物語を追い続ける人が出てきてしまったのである。

天才は生まれながらにして天才

実際、これを言ってしまうと身も蓋《ふた》もないが、「できる人は最初からできる」というのが現実である。

たとえば、プロ野球選手になれるような人の大半は、小さい頃から近所でも有名なスポーツのできる子どもだった。そこに至るまでの本人の並々ならぬ努力のおかげもあっただろうが、もともと持っている資質がプロとして通用する実力を開花させたのだ。

できる子どもの教育に関して、アメリカでは、ジョンズ・ホプキンス大学が行っているギフテッド教育が有名で、全米を中心に世界中から「ギフテッド・チャイルド（天才児）」を募るシステムがある。

この子ども教育プログラムから、フェイスブックの創業者のマーク・ザッカーバーグやグーグルの共同創業者のセルゲイ・ブリンやレディ・ガガなどが出ている。

一時期、「親ガチャ」という言葉がネットを賑わしたが、結局、ほぼ生まれたときの条件で人生が決まっているのだ。

「できる人はできる、できない人はできない」

これが紛れもない、物事の真理であり、答えでもある。

しかし、だからといって短絡的に「あきらめなさい」と言いたいのではない。

これは本書の主旨でもあり、このあと具体的な戦略を解説していくテーマでもある。つまり……、

「すごい人」と同じ戦略を取ってはいけない。

これが現実だ。誰かの生き方をマネしたり、その幻想の中で生きたりするのではなく、自分独自の戦略や方法で、自分自身の成功をつかみ取れってことだ。

誰かの夢や、誰かの成功や、誰かの方法……それらはすべて「誰かのもの」なのだ。他人の夢であり、他人が成功したストーリーなわけ。

別にそれが良いとか悪いとかの話ではなく、問題なのは、それらの夢や成功や方法を、自らの意思で選んでいないというところにある。人はみんな本来、自分なりの方法で夢を実現させてきたはずだろう。ところが、現実は違っている。

○ストーリー（物語）を求める
○完全なるものを求める

そういった私たちの特性が、いつのまにか「他人の夢」を追うことに盲目的になり、実現もしない夢を語るようになっていくのである。

いいだろうか。

結局、「他人の夢」を語っている限り、人生に変化は起こらない。それは、本当にやりたいことではない。本当に好きなことでもない。

私たちの頭が大好きな「ストーリー」と「完全なるもの」に引っ張られて、いつのまにか「他人の夢」を「自分の夢」と勘違いしてしまうのが、今の世の中の「仕組み」になってしまっているのだ。

成功本、自己啓発本が悪いわけではない

私は何も、成功本や自己啓発本が役に立たないと言いたいわけではない。

実際、欧米のように宗教が生活に根ざしていない日本では、生きるための基準となる価値観が必要だからだ。もちろん、それが哲学だったりしたら理想かもしれないが、残念ながら学校教育でそこまでのレベルを求めることはできない。

生きるための価値基準を持てないと、自分を見失うことになる。つまり、自分を持つことができない。それが多くの日本人が自己啓発本を求める原因のひとつなのではないか。


もともと自分を持っていない人ほど「すごい人」に強く惹かれやすく、彼らの言う通り、思い通りの夢を持ってしまう。だから、現実に直面し、夢に向かえない自分と直面したときの「がっかり感」は半端ではない。

その失望感は大きな波となって彼ら・彼女らを飲み込んでいく。その結果、

「どうせ自分はできない」

「自分はダメな人間なんだ」


という自己認識が強くなっていく。それがタチの悪い「あきらめ感」や「失望

感」へとつながっていくのだ。まだ何もやっていないというのに！

　こういう人は、宗教やスピリチュアルをビジネスにしている連中には、格好の餌食《えじき》となるだろう。そういう連中は、たとえば「前世のせいですよ」と言って今のあなたのせいではないと自己重要感を満たしてくれるだろう。

　他にもいろいろな手口はあるが、基本的には、自己重要感を満たしてあげることで、信用させるのだ。

　そこでまた、新たな「他人の夢」を語るようになっていく。そうやって多くの人は、本当に空回りの人生を送ってしまう。

　これが現実。

　こんな世の中に直面して、怒りを覚えているからこそ、私はこの本の原稿を書いていると言ってもいい。

　ただし、このことに反応しているということ自体、実はかつての私自身の中にも同じような感覚があったからだということは、はっきりと認めたい。何も本書を読んでくれている読者だけに起きていることではないのだ。

　幼少期から、ずっと社会にとって必要な一般常識を身につけさせられ、反発しながらも「答え合わせの教育」にどっぷり浸《つ》かってきた。考えることよりも何かを知る、何かを覚えること（それも答え合わせ！）に時間を費やした。

誰かへの憧れと何かとの比較で今の自分自身をはかりながら、良いとか悪いとかを判断してきた。そして一丁前に落ち込むこともあった……。私も同じような感覚に蝕《むしば》まれてきたのである。

だからこそ、わかるのだ。

それじゃ何も変わらないどころか、どんどん**自己重要感**を失って大きな力の意のままになってしまうことがわかるのである。

ポジティブシンキングという罠《わな》

結局、多くの人が「**他人の夢**」をめざし、あきらめ、さらに自己重要感を与えてくれる別の「他人の夢」に人生をのっとられていく。

それをくり返しながら人生の大切な時間を過ごしてしまう。

しょせん、「他人の夢」は他人のものであり、「すごい人」はすごい人なわけであり、けっしてあなたではない。そろそろ、このことに気づかなければならない。

もっといえば、「他人の夢」も「すごい人」もあなたの人生とは何の関係もない。

このことをしっかりとわかっておくことが自分の人生を生きるためには重要だ。なぜなら、あなたの人生は、あなたの考えで、あなたの足で、歩くことができるからだ。歩きながら見えてくる景色を、あなたの感性で楽しむことができる。

「他人の夢」に侵されている人は、上ばかりを向いて、下を見ないで生きようとしてしまいがちである。

そうやってポジティブシンキング教のように、「良いところしか見ない」みたいなものに惹かれていくのだ。良いところばかりを見ることを信じ込まされ、自分で考えたり、自分で選択したりする能力が削《そ》がれてしまう。

今でも全国の書店で山ほど見かける「引き寄せの法則」系の著者たちに影響を与えてきた『The Science of Getting Rich』という1冊。1910年、ウォレス・D・ワトルズによって書かれた。この本には、次のような論が展開されている。

Do not ask why these things are true, nor speculate as to how they can be true; simply take them on trust.The science of getting rich begins with the absolute acceptance of this faith.

（なぜそれが真実なのかを尋ねたり、どうして真実でありうるのかを、あれこれ考えたりしてはいけません。ただ信用して受け入れてください。「お金持ちになる科学」は、これを絶対的に受け入れることからはじまるのです）

『富を「引き寄せる」科学的法則』（山川紘矢・山川亜希子訳、角川文庫刊より）

この本には引用したようなウォレスの持論が「これでもか！」というくらいに述べられていて、とにかく信じろ、受け入れろと読者に訴えていく。そして、ひたすら「ネガティブなものは見るな」という内容が書かれてある。

20世紀初頭に書かれた古典的な自己啓発ものは、だいたい同じような感じだろう。

もちろん、それぞれの本によって言い方、書き方は変えられているが、「より高い能力」

「より大きい成功」

「より充実した生き方」

「より優れた人格」

などの口上が通り一遍にうたわれていて、「生きがい」「決断力」「思考法」「成功哲学」「セルフコントロール」「対人関係」「不動心」「リーダーシップ」などの原動力がいかにして上がるのか、あの手この手で書かれ続けてきた。

自己啓発本を読んで成功する人とは?

しかし、100年以上ものあいだ世の中に刊行されてきた、これらの自己啓発本によって、どれくらいの人たちが自分らしく、納得のいく人生を歩けたのだろうか。どれくらいの人たちが人生の成功者になったのだろうか。

私自身、そういう自己啓発本をつくっていた時期もあったのでよくわかるが、ほとんどの人が成功できない。たしかに、それらの自己啓発本やセミナーにふれることによって「うまくいく人」もいることは事実だ。でも、本当にごくわずかだろう。

ではなぜ、成功する人としない人がいるのか。

私が関わることで見てきた人たちを思い出してみた。その人たちの生き様を。そこでわかったのは、だいたい古典的な自己啓発を学びながら成功した人たちというのは、何らかのどん底を経験した人たちだったということだ。

家族の死、生活破綻《はたん》、夢の断念、病気や事故で自らも死にそうになったり、会社の倒産などで極貧の体験をしていたり……。

それは、まるで自己啓発系の大家、デール・カーネギーやナポレオン・ヒル、オグ・マンディーノなどの偉人たちと同じような困難な道を歩いてきている。同じような経験がある人は、古典的な自己啓発系の人たちと同じく成功する可能性が高いようだ。しかし、豊かな現代の日本においてどん底を経験する確率は低いだろう。

だからこそ、多くの人にとって古典的な自己啓発は格好の疑似体験となってしまうのだ。つまり、誰かの成功体験が、

○ストーリー（物語）を求める

○完全なるものを求める

私たちのツボにはまる。簡単に体験できた気になってしまう古典的な自己啓発や成功物語は、より魅力的に映ってしまうのである。

二極化が進む世界

今のようなデジタルな技術が当たり前になる以前の時代、人々に発信されてくる情報のほとんどが、ある特定の力を持った人たちからのものだった。

たとえば書いた原稿が本となって流通することなど、誰にでもできることではなかった。それは「作家」と呼ばれる一部の「すごい人」だけに許された特権だった。

映画に出る人も、テレビに出る人も、歌をうたったり、楽器を演奏したりしてレコードを出す人も、ごく一部の限られた「すごい人」だった。

しかも、「すごい人」だけが発信できる時代があまりにも長かった。

いつのまにかさまざまな常識と非常識が整ってしまい、価値観も画一化された。そこにきて子どもや若者たちが受ける教育体制が「同じような人づくり」を提唱する流れもあって、似たような価値観、似たような考え方、似たような生き方をする人たちが増えてしまった。まるで従順な「奴隷」を量産するように。

そのような人たちが増えていくのと同時に、「すごい人」の言葉はどんどん広まっていき、憧れを生み出していく。

特別な偉人の言葉や考え方が広まると、それが自分の人生の中でも大きくなる人が出てきて、いつのまにか自分の人生と「すごい人」の人生を比較するなどしてしまう。自分自身をも近づけようとするのだ。

なぜか？　そのほうが自分で考えずに済んで楽だから。

もともとあったものに自分を入れていくだけで人生が完成する。

しかし、それだけで満足できるような人生など送れるのだろうか？

「良い話を聞いた」

本来なら、それくらいで終わってしまうはずの話が、マジで誰かの夢になり、誰かの思いや意見になり、よく似た人生観が出来上がる。私が重視して問いたいのは、「それで満足した人生が過ごせるのか？」ということ。

馬鹿ポジティブシンキングや詐欺スピリチュアルは、それぞれの現実を変えることに注力せず、「ありのまま」とか「あなたのままで」とか気持ちの良い言葉を並べる。

起きることすべてに「意味がある」と言って、何事にもポジティブシンキングを語るが、極端な話、大切な人が殺されて、その加害者に対してポジティブな意味づけなんてあり得ない。

誰か特別な「すごい人」の考え方や生き方を参考にするだけでなく、それが自分の夢になるくらいに勘違いしてしまうならば、私たちのような凡人に待っているのは、自己重要感の低下、自信の喪失、そして最後には他人に翻弄《ほんろう》され続ける人生になってしまう。

この章では、私たちが「すごい人」に惹かれやすく、最終的には「奴隷」のようになってしまう特性を持っていることについて書いた。

次章では、私たちを奴隷にし続ける「環境」について書いていく。

第2章

「不安情報社会」の闇

不安情報なんかに踊らされるな！

第1章では、私たちが持っている特性についてふれてみた。

サソリとカエルが出てくるストーリーの「サソリ」みたいに、私たちに内在している本質は、一見、無意識にあなたの思考力や行動力を蝕んでいく。自分の意思で選択しているように見えて、実は盲目的に思わされている部分も少なくない。

この本を読み進めているあなた自身はどうだろうか？

自分自身に「問い」を立ててみてほしい。

深い部分に問いかけてみてほしい。

そろそろ本来の自分らしさを取り戻そうじゃないか。

一歩一歩進んでいくように、見えない鎖を外していこう。

この章では、なぜこのようなことが起きてしまうのか……私たちが置かれている「環境」に光を当ててみよう。

出版社に勤めているときは、著者をプロデュースすることに全身全霊を捧《ささ》げていたので、本の周辺にいる業界の関係者以外とふれるチャンスはほとんどなかった。せいぜい読者から届く感想から声を拾うくらいのものだ。

しかし、独立してから講演会やセミナーを開くことで、たくさんの「読者」や仲間と出会い、本当に彼らが考えていること、やりたいこと、やれていること、やれていないことなど、直接ふれて、今まで見えていなかったことを知ることができた。そして強烈に感じたのは、

「いろいろな不安を抱えている人がこんなにも多いのか！」

ということだった。愕然《がくぜん》とした。考えなくてもいいことにまで思いをめぐらし、それが悩みの元凶になるなどしている。

そのような人たちは、迷いに迷ってセミナーに申し込んだり、ネットの塾に入ったり、教材を買ったりと、答えの出ないところに迷い込んで、さらに悩みを深めてしまっている場合がほとんどだ。

とにかく多くの人がいろいろな不安にかられている。不安で頭がいっぱいなんだ。

不安は幻想

独立してから集まってきてくれた人たちに向かって常に私が言い続けてきたのは、

「不安なんて幻想だ」

ということである。幻想の不安にどうして頭を痛めているのか、どうしてエネルギーを使うのか、何におびえているのかと、ずっと言ってきた。

問題はそう単純じゃないんだなと多くの人を見て気づいたが、では、どうして社会がこんなにも不安がるのか、どうしてみんなはこんなにも悩むのかと冷静になって考えてみると、いくつかの要因が浮かび上がってきた。

それは、社会自体が**「不安情報だらけだ」**ということ。

インターネットの中を見てみても、「老後の不安のために金融商品を買いましょう」みたいな情報だったり、ネットでお金を稼ぐ系のセミナーの呼び込みでも

よく使われる

「あなたの家族が病気です。今すぐ100万円の手術をしないと助かりません。そのときあなたは家族を救えますか？」

のような、お金儲け系だったりと、とにかく不安を煽る内容の広告が多いのだ。

これはファッションでも同じ。「この服着たらダサイよね」とか「あなたは格好悪いよね」「彼女ができなかったら人間としてダメだよね」のような不安を煽る内容のものがやたらと目につく。

フェイスブックなどのSNSに掲載されているネット広告を見ても、「40歳なのに彼女もいないのはどうなの？」みたいなのが出てくるから驚きだ。

そんなものは、はっきりいって大きなお世話である。彼女がいようがいなかろうが、結婚していようがいなかろうが、はっきりいってどうでもいい。

または仕事に就いていようが、年収がいくらだろうが、まったく人としての価値に影響するものなんて何ひとつないにもかかわらず、そういうものがひとつでも欠けていると、「あなたは人間として失格なんじゃないの？」的な煽りの表現で、見た者の不安を増長させようとする。

なぜ、このような状況になってしまったのか？

老後に2千万円もいるなんて誰が決めた?

不安情報を流さない限り誰も何も買わない。必要なものは、もはや手に入ってしまっている。何も買われないと企業は発展しないので、企業側は不安情報を流すことで購買意欲を煽る方法を練る。

だから、よく「老後には2千万円は貯めないと、まともな生活ができません」という恐怖を煽ることで、よくわからない積立金融商品を買わせるなどする。

では、いったい自分の老後はどうなるのかと国民は思うわけだ。

たとえば2千万円を貯めていないとダメだといっても、実際に貯められる人なんてほとんど存在しないだろう。もし、それで大半の人が食えなくなるんだとしたら、そのような国は速攻で破綻してしまう。

そんな非現実的なことなどない。ありもしないことを考えてもしょうがないのだ。人生なんてどう変わるかわからないし、生活するための金銭的な額も、人それぞれのライフスタイルによってまったく違うし、インフレになればお金の価値はなくなっていく。

しかし、人はそのような情報が溢《あふ》れ始めると、自分との比較で足りないものの不安に苛《さいな》まれていく。結局、戦後70年以上経ったこの国に住む私たちは、足りないものを満たすことで大半の時間を使ってきてしまったのだ。

「ある」ものを見て、そこから何かを発想させていく回路ではなく、「ない」ものを求めながら、そこに価値を見いだしてきてしまった……。

よって、何かと何かを比較することで、足りないものを穴埋めしていく。私たちは、いつのまにか「ない」と不安になるような人間になってしまった。

本当は、たくさんのもので満たされているのに、そのことには気づかず（気づかないように教育されてきて）、勝手に自分で掘ってしまった穴を埋めようとしているのである。

病気だってつくられていく

医療の世界でも同じことが起きている。

うつ病のチェックリストで自己診断をし、うつ病だと思い込んで病院に行ったところ、結局は決めつけられたように「うつ病」と診断されて抗うつ剤を処方される。

「これを飲まないといけませんよ、これを飲まないと良くなりませんよ」

医者の言葉を鵜呑みにして、本当はうつ病かどうかわからないにもかかわらず、言われたままを信用して薬を飲み始める……。

薬がなければ生きていけない「薬漬け」にされるケースもよく聞く話だ。

では、そのチェックリストは誰がつくっているのかというと、実は製薬会社がつくっていたりするわけだ。そうなると製薬会社が人を不安にさせるように煽っていることになってしまう。

それを否定する、否定しないということではなくて、そうしないとビジネスが成り立たない。そういうカラクリで物事が回っているのだ。だから、コロナウイルスでさえ製薬会社によるものと思う人がいても仕方ないのだ。

良くも悪くも上場している会社は、毎年の増収益を強いられる。

そういう状況の中で、「いや、それは購買意欲をかきたてるためだから」という体《てい》の良い言い方もあるけれど、実際は不安を煽っていることに変わりはない。

ありもしない不安をつくって煽っているのだ。その不安が、お金も動かしてしまう。

しかし、それは企業側が悪いのかというと、そうではないと私は思う。

企業は利益をあげなくては経営を維持できないため、時代的な流れを汲《く》みながら販売戦略を立てざるを得ない。この世の中は不安情報だらけになってしまうが、それはビジネス上、仕方がないという見方もできる。これが資本主義なのだ。

私は企業コンサルティングもやってきたので経営者の気持ちもわかるが、企業は企業で、社の存続をかけた手を打ち続けなければならない。

とくにインターネットが爆発的に広がり、身近な存在となってからは、人が求めている関心ごとが多様になり、しかも個人の意識が開示されてきたため、「不安情報」がより効果的になってきたのも事実である。

では、どうしたらいいのだろうか？

見定める目が必要な時代

私が言いたいのは、**「それを真に受けるんじゃないよ」**って話である。

見ていると、あまりにも真に受けている人が多すぎる。

世の中に存在するものに対して、すべてに従う必要はないだろう。気持ちを煽るような広告や勧誘があったとしても、自分がどのようなスタンスを取るかによって、関わり方も違ってくる。

一番タチが悪いのは、情報にふれるたびに心が揺れてしまい、不安や悩みを自ら膨らませてしまうパターンの人である。それでは相手の思うツボだ。

企業が流している情報だけでなく、口コミとか評判とかの情報も、はっきりいって信用してはいけない。

不安情報と一緒で、誰かしらが仕掛けている可能性があるからだ。口コミのサイトもそのような一面から操作されていることが多い。レビューだって、大概は企業側が仕込んだものだと思ってかまわない。

マーケティングはある意味、詐欺の手法だといわれている理由がここにある。それはどうしてかというと、もはや必要なものなんてない時代の中で、必要のないものを必要であるかのように見せなくてはならないからだ。

2015年5月、長年にわたって広告の世界で活躍してきた糸井重里さんが、コピーライターをやめるというニュースが入ってきてみんなが驚愕した。ある新聞でのインタビューにご本人はこう答えている。

「製品ができてからお客さんの手に渡るまでは、長いドラマがある。広告屋は売るための助け舟を出すのですから、どこかで手伝うことはできます。でも、限界を感じたのです。自分が薦めたい商品ならいい。でも、もっと改善できるはず、なんて思ってしまうと、納得して商品を語れない。だからコピーライターはやめました。エルメスにキャッチコピーはないですよね。よいコピーをつくることと、売れるものをつくることは別。よくないものをコピーで売るなんて、やめたほうがいい」

（朝日新聞デジタル版より）

すぐさま賛否両論の声が湧いたが、糸井さんの思いは、現代の状況を的確に判断したうえでの決断であるといえる。

ただ、必要のないものを必要があるように思わせるのがマーケティングであっても、私はこれが悪いなんて思ってはいない。

100％価値のないものにわざわざ価値があるように見せかけて流通させるのは詐欺に値するが、そのモノや人にキラキラと輝く光があり、それが誰かの役に立つと判断されるなら、それを世の中に提示していくことも意義のある仕事だと私は思っている。

過去や未来を気にしない

ここで私たちがこの社会の中を生きていく方法を2つ提示してみたい。

ひとつは、**不安情報だらけだという前提で生きること**。

あらゆる情報に対して信じないと頑《かたく》なに思うのではなく、そのような思惑から生まれているんだと知ったうえで、自分にとって欲しいものなのか、必要なものなのかを考えることである。

買うか買わないのかに関しては、私はよほど変なものでない限り好き勝手にすればいいと思う。

あくまで世の中の不安を煽るような情報というのは、そういう意図があって働いているということを知ることである。それだけでもぜんぜん違う。まずは不安情報だらけであるということを前提にして、この世の中を生きていけばいい。

もうひとつは単純なことだ。

「目の前のことに集中しろ。今この瞬間に、正直に生きろ！」

これしかない。これができなければ、絶対にあらゆる点でうまくいかない。

「自分は運が悪い、火消し人生だ」と自分のことを卑下する人は、心ここにあらずで、いつも不安情報に煽られながら、起きもしない将来の不安を考えたり、過去の出来事にとらわれたりしてしまっている。

実はそのような人こそ、「不安情報社会」の格好の餌食となっているのだ。

もし、そんな人が１００ぐらいのエネルギーを持っているとしたら、99くらいは将来の不安や過去の出来事に取られていることになる。

そうすると目の前にあることを1しかやっていないことになる。それではチャンスも逃すし、目の前の大事なことをミスするのは当然だ。

不安や焦りがその人の大半を占めているので、その感情をちょっとでも和らげることができるなら、と安易な情報に走ってしまうのである。

そうやって人生が悪いほうへ行ってしまう人があまりにも多すぎる。

結局、目の前にあることが見られない人は、目の前にいる人のことさえもしっかり見られない人なのだ。私たちのような凡人が人対人のつながりを絶ってしまったら、何の解決方法もない。人とのつながりもなく、「不安情報」とばかりつながっているようなやつに未来なんてない。

だから目の前のこと、目の前の人に集中しろと言っているわけだ。

目の前の人と真剣に対峙《たいじ》することによって、人間とはどういうものか、自分はどうやって感じているのか、どうやって共感していくのか、どうやってつながっていけばいいのかがわかる。

人生においては自分の思いや感情を正直にさらけ出し、目の前にいる人と真剣に向き合いながら、お互いが共感し合うことで、瞬間にいい関係が生まれたり、価値が生まれたりするのではないだろうか。

目の前の人、目の前のことにどれだけ集中できるかが、人生において重要なポイントである。

目の前のことに集中する

不安情報社会の中で私たちは生きているんだ、そういう環境の中で生かされているんだということを理解して、目の前のことに集中しよう。そうやって努力すれば、必ず人生はいい方向にいく。

目の前のことに真剣に生きるというのは、まだ貧しかった時代はできていたと思う。なぜかというと、飯が食えるかどうかの不安の中で、否応なしに現実に引き戻される。現実を直視しないと生きていけないからである。

「足りないもの」を埋めるのではなく、「ある」ものと「ない」ものを知ったうえで必要なものを手に入れようとする、そんな生き方。それはある意味、自分の中に危機感や飢餓感がないとわからない感覚だ。

序章でも取り上げたバートランド・ラッセルの言葉を思い出してほしい。

「知的な意味で著名な人々の大半はキリスト教を信じていないが、大衆に対してそのことを隠している。なぜなら、彼らは自らの収入が減ることを怖れているからだ」

上位1%の人間たちは、情報を操作したり、情報を拡散したり、どうすれば大衆が動くのかを熟知している。

網の目のように散らばっているネットワークを駆使して、世界中に、それも一斉に、流行や価値観や意識の「種」を広げることもできる。

水をやるのは私たち大衆の役目だ。「種」から芽が出て、どのような花を咲かせるのか……そこで暴動が起きたり、ヒーローやヒロインが登場したり、時には戦争が起きたりすることも、ある程度は想定内のこととして世界を動かしていく……。

これは、あながち私だけの勝手な妄想ではないだろう。

そのとき、いったい何が私たちの中で、内面で、起きているのだろうか。それが第1章でふれた「**人の持つ『特性』**」へとつながっていくのである。そのような「特性」へと誘われてしまうような「環境」が世界を覆っているのだ。

○ストーリー（物語）を求める

○完全なるものを求める

そして私たちは、誰かの人生や誰かの夢へと傾倒していってしまう。

とくに私たちが住むこの国では、「自分で考えられない」「自分の価値観を持たない」ような人を量産する社会が出来上がってしまった。

不安になる情報が社会に蔓延し、自分の人生すら自力で決めることが困難になってきている。そのような「情報社会」の中で私たちが生かされていることに、そろそろ気がついてもいい頃だと思う。

ただし、それを頭から非難するのではなく、

「**世界はそうやって動いているのだ**」

ということをわかったうえで、自分の生き方や価値観を選択していけばいい。

世界とは、はるか遠くにあるものではなく、あなたの足元に広がっているので

ある。それを忘れてはならない。

本書を書く決心がついたのも、今私たちの目の前にある状況の中に、小さいながらも「**自分自身で在ること**」が可能になるツール（主にインターネットの世界）があるからだ。

ただ世界中の情報を集めたり、ゲームをするだけのために使うのではなく、**自らの手でコンテンツをつくり、情報を発信することができる時代なのだ。**

限られたページ数の中で、私ごときが世界のすべてを、さもわかったように論じることほど愚かなことはないが、少なからず自分が生きている世界――本の出版やコンテンツのプロデュース、企業のコンサルティングや経営についてなど、その中で見えてくるもの、はっきりさせておいたほうがいいことを、縁あってこの本を手に取ってくれたあなたに伝えている。

「ありのまま」で良いわけがない

話を自己啓発に戻そう。

独立してセミナーや講座をやっていく中で、あまりにも自分で決断できない人、不安感ばかりを抱いている人が多いことは先にも書いた通りだ。

「ありのままの自分でいい」

「そのままのあなたでいい」

「もっと自分を好きになろう」

別にこれらの言葉自体に責任があるわけではない。さまざまな本質を知ったうえで使う言葉なら、その真意も有効に活用されることだろう。

しかし、この言葉を真に受けた大半の人たちは、現状の不安だらけの自己を「それでいいんだ」と肯定してしまう。本来の本質的な「自己重要感」も持てないのに、現状の自分を肯定してしまうのだ。恐ろしいことだと思わないか？

そうやって自分の周りにあるものに踊らされながら、それでもまだ心のどこかで、頭の中で、「一流」になれることを夢見てしまっている。

そして妄想の「一流」と自分の目の前にある現実とのあまりのギャップに、勝手に疲弊し、勝手に精神を錯乱させ、素直さや純粋さも消えてしまって、人生を投げ出してしまうのだ。

こんなの、あり得ない！　あってはならないでしょ！

「世界」は遠くにあるわけではないってことに、そろそろ気がつきたいと思う。踊らされてばかりの人生に、ぼちぼち終止符を打とう。さようならをしよう。

再三、書いているように、世の中の成功法則の基本である「ポジティブシンキング」を間違えて使ってはならない。この流れの大半はアメリカから入ってきたものだ。自己を間違って操作されてしまうことに気づいたほうがいい。

世の中に広まっている古典的な自己啓発をベースとした成功法則は、はっきりいって機能していないんじゃないだろうか。たしかに上位の人たちは急激に資産を増やしたかもしれないが、その他の多くの人は大した成長をしていないどころか生活が苦しくなっているアメリカの現状がそれを物語っているだろう。

くり返し書いておくが、私は何も古典的な自己啓発が悪いと言っているのではない。それを使う側の人間のレベルが、あまりにも低すぎることに警鐘を鳴らしたいのである。本当の意味でトップ1％に入る人たちは、人を甘やかすような成功法則なんかは信じていないってこと。

これだけグローバル社会になり、競争が世界規模で激化しているのに、

「もっとほめなさい」

みたいな教育が通用していないのと同じように、人生においても両手放しの甘ったれた意識など通用しないのだ。実際、アメリカのアイビーリーグをはじめとする名門校などの受験競争は世界規模で激化している。これはそのままビジネスの世界でも同じで、明らかに競争は激化しているのに、

「今のままで素晴らしい」

みたいな教えは、かえって落ちこぼれを量産するだけだ。

上位1％のうまくやっている連中は、すべてをポジティブに考えたり、ほめたりする思考を推進するふりをしているけれど、結局は、自分たちはそんなものは信じていないということを述べているように思えてならない。

人類の歴史上、支配層のほうが圧倒的に少数であり、彼らは残りの99％を支配するために情報をコントロールしてきたと考えるのが自然ではないだろうか。

あなたの性格は他人につくられたもの

私たちの大半が、自分の人生の生き方や抱く夢を決められない状況にいるなら

ば、一見、自分で選んでいるように思える「好き」「嫌い」を含むさまざまな感情も、実は多くの場合、自分の「好き」「嫌い」ではないかもしれない。

簡単にいうなら、それは誰かの「好き」「嫌い」を自分の意志で選択しているように思い込んでいるだけなのかもしれないということだ。

自分たちの生きてきた過程をたどれば、良い悪いではなく、その理由が見えてくるだろう。

まず、生まれてからずっと親の価値観の中で思考が発達するわけだから、親に洗脳されているといえる。動作、言葉、仕草、ものの考え方、ものへの接し方など。

とくに最近の親は、何でも先回りをして子どもに与えようとするため、子ども自身が自分で考えて判断する能力がとんでもなく希薄になってしまう。

それは、ものの善《よ》し悪《あ》しの判断だけでなく、ひいては人対人とのコミュニケーションにまで響いてくる。

次にリアルな人間関係。学校の友だち、近所の友だち、会社の同僚など。彼らはあなたに対するイメージ……あなたはこういう人間だっていうイメージを持って接してくるから、あなたはそれに応えるべく、無意識に「像」を演じようとする。

たとえば、あなたがみんなからカレーライスが好きだとイメージされていたら、あなたはカレーライスが好きになる可能性だってある。そうやって、私たちは自分の「好き」「嫌い」ではなくて、周りの人間がつくった、あなたがいる環境がつくった、あなた自身で生きようとすることになってしまう。

もっというなら、あなたの周りが決めたあなたが演じるべきキャラクターの「好き」「嫌い」で生きようとしてしまう。

だから、なんとなく生きづらい、なんとなく生きている気がしない、一生懸命に生きる気力が湧いてこない……ということが起こる。

「いい人」にされてしまう

とくに現代の若い世代は心根が優しいがゆえに、幼い頃はなるべく周りの環境の中で「いい人」を演じることで無難に過ごそうとしてしまう。そして思春期が過ぎて、大人と呼ばれる時期を迎えたあたりから、周りの期待に応えながら生きている自分と、本質の自分自身とのギャップに苦しみ、突然、周りが驚くような極端な行動に走ってしまう人も少なくない。

自分の感情がまったくないわけではない。感情自体はあるものの、表に出してはいけないと無意識的に蓋をしてしまっているから、なかなか感情の表現ができないのだ。

これは誰か個人のせいというわけではなく、学校教育を中心とした社会のシステムが、長い時間をかけて感情を押し殺して生きる人間を製造してしまった表れかもしれない。

不感症にされていく社会

自分自身の感情を抑える、周りから押しつけられたキャラクターを演じなければいけない……この両方によって感覚が麻痺《まひ》してしまい、素直に感じることができない「不感症」人間にされてしまうのだ。

自分の感覚が麻痺してしまい、好きなことを探そうともしないし、やりたいことを探しても見つけられない。

実際の話、「あれが好き」「これがやりたい」などと言っている多くの人たちも、では行動に移すかというと、すぐには動かないことがほとんどだ。

たとえば、私のところによくやってくるのが、ベストセラー作家になりたいと言いながら、実は本の原稿を1ページどころか1行も書いていない人。

本当に本が好きだから書きたいわけではなく、ましてや確たる書きたいテーマがあるわけでもなく、周りから「あなたは本を書いたほうがうまくいくんじゃないか、成功できるんじゃないか」って言われて来る人があまりにも多すぎる。

本を書くことが目的ではなく、手段になってしまっているのだ。

私は音楽が好きだから、いろんなロックミュージシャンの生き様を見たり、調べたりしてきたが、彼らのほとんどは、寝食も忘れて音楽をやらざるを得ないほどの衝動がある。

音楽で表現しなければ生きていけないくらいの緊張感と切迫感を持っているからこそ、ミュージシャンとして生きていく道を選ぶ。

何もそこまでストイックに考える必要はないかもしれないが、それが本当に好きなことであって、やるに値する動機ならば行動とつながっているものだ。

そのような「不感症人間」を量産しておきながら、世の中の風潮的には、

「好きなことがなくちゃいけない」

「やりたいことがなきゃいけない」

「なりたいものがなければおかしい」

みたいな道理がまかり通ってしまうから、言われたほうもたまったものではない。そもそもが不感症なんだから、自分の感覚がないんだから、そんなもの簡単に見つけられるわけがない。

だからみんなが苦しんでいる。もがいている。手探りで自分を見つけようとしている。

そんな人たちに対して、私は「無理をして好きなことをつくらなくたっていいんじゃないの?」って話をすることにしている。

別にあきらめて言っているわけじゃない。ものには順序ってものがあるから、ゴールをめざす前に、やるべきことがあると思っている。

まずは徹底的に感じる自分であれ！

不感症人間のままなら、本やセミナーや教材でどんなに学ぼうが意味なんてない。自分の感情が動かなければ行動に結びつかないので、感情が動かなきゃ、やる気なんて起きないのは当たり前の話だ。

おおよその人間は「一流」ではない自分を一流だと勘違いして、本当の自分とのギャップに苦しむわけだから、いきなり「夢を持て！」ってやっても結局は同じ苦しみを味わうにすぎない。

私はまず、自分の感情を動かすためにできることを的確に伝える方法を取っている。私たちがまず取り戻さなければならないのは「**感じる力**」だ。

今までの本やセミナーには「感じる力」を取り戻そうなんてものはほとんどなかった。しかし感覚が麻痺して「感じる力」がないのに、何かを学んだって何の意味もないだろう。だから、「感じる力」をつけてもらいたいと心底思っている。

一見、楽しそうに生きている人だって、実は踊らされている人が多い。「自由に生きています」っていう人がいても、本当は他人の価値観の中で生かされているにすぎない場合だって多い。それは本当の自由ではない。

自分の「**感じる力**」を取り戻さなければ、自分の「**感情**」も取り戻せない。そして自分の感情がなければ、自分から**価値**を生み出したり、自分から人生を切り拓《ひら》いたりすることもできない。自分の人生を切り拓けないってことは、他人の敷いた人生のレールを歩くしかないってことなんだ。

多くの人が自由にやっているとか、好き勝手にやっているように思えても、実際はまったく自由じゃないことも多い。他人のルールで生きている。そんなことをやっていたら、いつまで経っても奴隷のような人生は終わらない。それを何とか止めさせたい。今はそれを止めるチャンスが来たってことを伝えたいのだ。

私が一番やりたいのは、**価値観を揺らすこと**である。出会った人たちの価値観を揺らしたい。不感症になっている最大の理由は、親や社会やあなたの周りの環境が押しつけてくる「価値観」で、あなた自身が厚着をさせられているからなのだ。

それらを全部脱ぎ、あなたが真っ裸になることによって、あなた自身が「**感じる力**」を取り戻すことができると思っている。

微力ながら、そのお手伝いができればと強く思っている。

コンテンツが溢れる環境と時代

目に見えないあなたの周りの環境が、知らず知らずのうちにあなた自身を形成してしまった時代もそろそろ終わろうとしている。もっと自分を表現してもかまわないし、誰かの人生や誰かの考え方に縛られる必要もない。その手段が身近にあることに気づけるのが現代の面白さである。

踊らされずに、踊れ！

世界の動きや力の流れ（パワーバランス）を見定めて、自分のリズムで自分のダンスを踊ること。誰かが発信した「生き方」や「考え方」など、外側からやってくるものを鎧《よろい》のようにまとう必要もなくなってきたのだ。

私が出版社を辞めた直後の肩書きは「コンテンツマーケター」だった。定義はそれぞれあるかもしれないが、コンテンツを使ったマーケティングのプロという意味で名乗ることにした。

そして、今は個人に「コンテンツビジネス」を教えている。

では、そもそも「コンテンツ」とは、どのような意味の言葉だろうか？

「コンテンツ（contents）」とは、本来は「**内容**」**や**「**中身**」という意味の言葉だ。ラテン語での語源には、「中に含まれたもの」ともある。

ただし、「コンテンツ」という言葉が登場する文章などを見ると、そこでは「情報の内容」「情報の中身」など、「**個々の情報**」という意味を表す言葉になっていることもある。本では「目次」として使われる言葉であることも付け加えておこう。

私がなぜ、コンテンツビジネスを教えているかというと、これからの時代……とくに日本では、コンテンツですべてが決まると思っているからである。

感じているだろうか？　時代はこれまでのような十把《じっぱ》一絡《ひとから》げ的な人間を求めているのではなく、「内容」や「中身」や「個性」に価値を見いだす時代へと変わりつつあるのだ。

たとえば、これまでは大きな力を持っていたテレビ、新聞、ラジオなどのマスメディア……これも今までは一部の特権を持った人たちが操作できた情報網だったが、これからは「パーソナルメディア（個人の媒体）」が主流となっていく。

もう世界中の誰もが、大きな権力が一方的に発信するニュースなど、頭からは信用していない。それよりも、たとえ個人であろうともリアルタイムで良質な情報を持ち、それをダイレクトに発信している人のもとに人々が集まる。

それぞれの関心ごとの違いや趣味嗜好《しこう》の違いも認識したうえで、多様性のもとに小さなコミュニティーが無数に存在しているのだ。

ただ、ボケーッとネットサーフィンを楽しんでいるだけではわからないだろう。自分がどんな目的で、どんな思いで、この世界と向き合っていくのかのスタンスさえはっきりしていれば、迷うことはない。誰と、どこに、どんな目的で集まるかも自由自在なのだ。そんな時代が求めているものが「コンテンツ」なのである。

もう一度、意味にふれておこう。

コンテンツ＝「情報の内容」「情報の中身」

たとえば、とても身近な例だが、今目の前に、見るからにごく普通のイスがあったとしよう。古くもなく、しかし新しくもない、どこにでもある木製のイス。ところが、このイスこそ、世界的に知られたある著名人が愛用しているイスだとしたら、どうなるだろうか？　これまで描いていたイスへのイメージに、ある「価値」が見いだされる。そのとき、

「世界的な超有名人愛用のイス」

という部分がコンテンツとなるのだ。

ある種、高級ブランドの価値とは、そのブランドがつくり上げてきた世界観がブランドの「コンテンツ」となることを意味する。ブランドのイメージを重視してつくられた服であろうが、鞄《かばん》であろうが、靴であろうが、万年筆であろうが、それぞれが「コンテンツ」としての存在感を漂わせることができる。

これを世界中で成熟した国に置き換えてみると、その国にあるものすべてのコンテンツが価値をつくっていくのである。

実際、ある企業では、私がプロデュースした電子書籍を使って数億円の売上が

計上できた。また、ホームページやメルマガを使ってある人のイメージを演出したところ、利益で１億円以上をつくることも可能になった。

　上場企業の社長の書籍をプロデュースしたところ、その１冊が企業のコンテンツとなって、新卒採用で良い人材を集めたり、社員教育に役立ったり、株価対策になったりと、変幻自在に価値を変えていくツールへと変貌する。

　とくに今の時代は、株式交換で会社を買収できるので、自社の株価を上げることは重要な戦略のひとつだ。そのとき、私の場合は、多くのベストセラー著者をプロデュースしてきた経験があることから、社長を売り出すのが一番得意だろうとお声がかかる。誰もが社長の顔を知っているような会社の株価が上がりやすいことからも、企業が持つコンテンツが重要なのである。


　世界はコンテンツによって価値が決められるようになったといっても過言ではないだろう。今、ひっきりなしに私に仕事の依頼が来るのも、まさにコンテンツマーケティングの時代になったことを多くの企業が気づき始めた表れであろう。

　そして企業だけではなく、個人の価値すらコンテンツで決められるようになってきた。これがどれだけのチャンスなのかを考えてみてほしい。これまで「人間の性」や「取り巻く環境」に縛られてきた私たちが、個人の内容や中身によって、自分の価値を自分でつくり上げることができる時代になったのだ。

私の好きな映画に『ファイト・クラブ』（デヴィッド・フィンチャー監督）という作品がある。ブラッド・ピットが主役を演じたことから観た人も多いだろう。

その中にブラピが発した、こんな名ゼリフがある。

"You are not your job, you're not how much money you have in the bank. You are not the car you drive. You're not the contents of your wallet. You are not your fucking khakis. You are all singing, all dancing crap of the world."

「仕事の中身でお前は決まらない。預金残高とも関係ない。持っている車も関係ない。財布の中身も関係ない。クソみたいなカーキのファッションも関係ない。お前らは、あらゆる付属品がついた世の中のゴミだ」

この映画は、現代の大衆消費社会に警鐘を鳴らすテーマで製作された作品だ。

この人気の名ゼリフも、人間の中身がいかに価値のあるものかということを表現している。

さらにこの映画が公開された１９９９年以降に、フェイスブックをはじめとするＳＮＳが普及した。いわずもがな、ＳＮＳのほとんどはコンテンツでできている。極端なことをいうなら、ＳＮＳでの投稿そのものも、あなたの価値を大きく左右していることになる。

「夢」という現実逃避と暇すぎる国

コンテンツを誰もが発信できる時代。

そんな可能性ある時代だが、同時にそれは「不安情報社会」でもあることに変わりはない。そのような環境下で生きることは、私たちにとって精神衛生上良くないのは前述した通りだ。

そして、その結果、知らず知らずのうちに多くの人が、「現実逃避」の行動を取っている。

たとえば、昨今の安易なスピリチュアルブームもそうだろう。現実世界の厳しさに耐えかねて、迷っている人たちが精神世界へと逃げていく。

私は精神世界を否定しているわけではない。志高く、科学的に検証している人や、学問として、または人々の役に立つためにと、真摯《しんし》に研究を続けている人も知っている。

ただ、私が言いたいのは、誰もがSNSなどを通じて情報発信ができる時代には、それを逆手にとって不安な情報で煽って関心を促す輩《やから》や、弱みにつけ込んだ精神世界系のタチの悪い人間たちも有象無象に存在するのは事実ということだ。現状がよくわかっていない無防備な人ほど、そういう情報にもアクセスしやすくなっている。

不安情報にさらされすぎた私たちには、精神世界の情報はすんなりと入ってきやすい。現実世界が辛《つら》い人にとっての逃げ場は精神世界しかないといっても過言ではない。

これと同じ状況が第1章で書いた「すごい人」をめざす人にも起きている。ついつい「すごい人」をめざしてしまう私たちは、「夢」に現実逃避していくのだ。これは多くの場合が、他人の語った「夢」を自分の「夢」だと思い込んでいるわけで、現実逃避の一種。妄想の世界というか、夢想の世界で生きることになる。

では、なぜ誰もが現実逃避することができるのだろうか。

簡単にいえば、「**暇**」だからだ。

どういう意味で暇かというと、「生きるため」に暇だということだ。

私たちは、死への恐怖がない環境で生きている。餓死する恐怖もないし、空爆されるような恐怖もない。時々、凶悪犯罪は起きるが、外国に比べたら超安全な国。

こういう環境において、私たちは「リアル」に死を意識することができない。でも、「死」がないと「生」を意識することは難しい。

あまりにも「死」を日常で感じることができないために、「生」を感じることもできなくなってしまった。「死」や「生」は、とても身体的なものだ。

もはや、身体的な感覚すらも麻痺してしまうくらい現実から感覚が離れている人が多いのが今のこの国の現実なのだ。だから精神世界や夢という現実逃避に走る人が後を絶たない。

ここでよく考えてみてほしい。

実は、現実逃避ができるというのは、豊かな証拠でしかないってことだ。

貧しくて生きるのに必死な国の人は、現実世界が厳しいので身体的な痛みがいつも伴っている。さらに、紛争地域であれば、常に「死」と隣り合わせの生活だ。

現実逃避したくても、すぐに現実世界に引き戻されてしまう。私たち日本人が現実逃避できるのも豊かだから以外の何ものでもない。むしろ、豊かゆえに現実逃避してしまうという社会構造になっているのだ。

「夢の奴隷」にされてしまわないように

私たちは、「暇」だし「豊か」だから、現実世界に生きなくても生きていける。皮肉のような言い方だが、**現実世界に生きていないのに現実世界で生きていけるという矛盾。**それくらい豊かな環境に生きているわけだ。

言葉を換えれば、「何も考えないで生きていける」のが今の日本なのではないだろうか。

たとえば、電車だって遅れないで来る。スーパーに行っても賞味期限切れの食品は少ない。卵だって割れていない。私は外国に行くことが多いのだが、こんなにきちんとしている国は他にはない。

私は日本をよく「動く歩道」に例えることがある。

それは、何も考えなくても人生が進んでいってしまうからだ。本人が立ち止まりたくても、ゆっくりと進んでいってしまう動く歩道……。

立ち止まるためには逆走をしなくてはいけない。逆走するには抵抗が強すぎてうまくいかない。そして、いつのまにか時は過ぎ、気づいたら中年になってしまっている。こんな人が多いのが今の日本だ。

小さいときから明確な価値観を持たずに、**「なんとなく生きている」**人が多い。小さい頃から良い学校に入って、良い会社に就職する、みたいなステレオタイプをなんとなく信じ込まされてしまう。

その結果、「なんとなく生きている」、いや、「なんとなく死んでいる」といったほうがいいくらい「生」を感じずに生きている人が多い。

そんなふうに「なんとなく死んでいる」人は、フワッと生きていくことになる。でも、不安定が怖くて安定が欲しいから、何らかの価値観を求めてしまう。その

結果、第1章で書いたように、

○ストーリー（物語）を求める

○完全なるものを求める

そのような特性や習性があるので、「すごい人」になろうという夢を持ってしまう。本当にこれは仕方のないことだ。私たちの習性や置かれている環境を考えれば、誰もが同じような行動を取ることになる。ただ、何が怖いのかというと、無自覚で疑いもせずに「すごい人」になろうとすることだ。

もしかしたら、あなたは、「私はすごい人になろうとしていない」と言うかもしれないが、本当にそうだろうか。

完全を求めるがゆえに、相手に期待し、裏切られたときに相手のせいにしたり、自分のせいにしたりしていないだろうか。自分が否定されたときに、憤りを感じていないだろうか。うまくいかなかったらと考えて行動できなくなることはないだろうか。

きっと、多くの人が同じような経験を持っている。自分が「傷つくこと」「恥をかくこと」「失敗すること」を極端に嫌っている。これらのことに怖れを抱いているなら、あなたも、「すごい人になりたい」1人なのだ。

再三、言っているように、この環境にいれば誰もがそうなるだろう。

しかし、あきらめることはない。

次章から、そういう生き方ではない方法を公開していく。

今までは、いつのまにか「すごい人」になるという夢の奴隷にされてきただけ。知らぬまに、鎖をつけられて生きてきたから、何も気づかなかった。

ただ、誤解しないでほしいのは、私は「夢を持つな」と言っているわけではない。私は「他人の夢」ではなく、「あなた自身の夢」を持ってもらいたいと言っているのだ。

あなたの人生は、当然、あなたのものなのだから。

第3章

自分の人生を手に入れる「キャラクター」のつくり方

Raw power

唯一無二のキャラクターを立たせろ！

この章では、私がこれまでどのような仕事を、どうやって組み立ててきたのか、何を大切にしてきたのかを、できる限り記してみたいと思う。

現代は個人の力がより発揮される時代なので、私の体験があなたの「世界観」を構築するうえでのヒントになれば幸いだ。

「世界観」というのは、情報空間（ネット空間）におけるキャラクターとも言える。情報を書き換えることで、人生を変えることができる。そして、それを可能にしたのが、リアルとネットが融合した社会なのだ。

第2章の後半でもふれたように、これからは、どこかの誰かが言っていたような情報や表現ではなく、「コンテンツ（内容、中身）」の固有に内在している魅力や特別感が重要になってくる時代だ。それは企業に限らず、一般生活を営む私たちにとっても同じように当てはまる。

不安情報社会の中で生き抜き、自分の人生を充実させるためには、何のために、何を思い、誰と、どこで……が明確になればなるほど、そのものが持つ「世界観」の輪郭もくっきりと浮かび上がってくるのだ。

私の仕事とは、もともと作家としては無名の新人たちを次々にデビューさせて、次々にベストセラー作家へとプロデュースしていくのが主な内容だ。

出版業界の中で、一般的に呼ばれる「書籍編集者」と何が圧倒的に違うかといえば、著者と本をつくるだけでなく、一緒に著者のビジネスを立ち上げたり、ホームページやメールマガジンの制作をサポートしたり、長い時間をかけてブランディングを構築する活動を続けてきた点である。

当然、1冊の本をつくるだけの付き合い方ではなく、ほとんどの著者とは十年以上にわたってともに歩み続けている。

さらに特殊なのは、たとえば著者が他の出版社から本を出すときの相談に乗ったり、彼らのビジネスのマーケティングのアドバイスもやってきたりしたことだ。通常の編集者であればほとんどが1冊の付き合いで終わるところをトータルでは何冊にもわたって、さらに他のビジネスとも絡めて、セミナーやCD、DVD、オンライン教材などの制作にも関わってきたのだ。

書籍だけを担当してきた編集者からすればかなり異端。当然、「あのやり方はなんだ？」とのご批判をいただいたことも少なくない。

20代の後半に、異業種の世界からやってきた人間が見た出版業界は、はっきりいってビジネスモデルが戦前からほとんど変わっていなかった。20世紀前半からの流通システムがいまだに幅をきかせていて、いい悪いは別として、委託販売制度という決まりごとによって、販路が価格を決めてしまっている。

本がたくさん読まれれば、著者も出版社も大喜びだが、思惑が外れてしまった場合、打つ手が限られてくる。せっかく可能性を秘めた著者であっても、ある意味博打《ばくち》の世界のような業界の中で、手をこまねくしかない場合もあるのだ。

それなら本を入り口として、もっと著者の魅力を引き出す方法はないものか……。それが、私を一般の書籍編集者からプロデューサー、そして現在のコンテンツプロデューサーへと変貌させたのかもしれない。

キャラクターをつくる４つのポイント

私が著者をプロデュースさせていただくとき、もっとも重視したのが「キャラクターづくり」である。これは、その人物の「特徴」を意味する。本書で何度も登場する「世界観」という言葉も、実はこの「キャラクター」と同意であるといっても間違いではないだろう。

誰にも似ていない唯一無二のキャラクターとは、その人の個性でもある。「世界観」を構築していくうえでも、よりキャラクターを立たせることを明確にしてきた。そうやって無名の新人をベストセラー作家へとプロデュースしてきたのである。

やるときは徹底的にやった。全部を人任せにするのではなく、自分の頭と足と勘を駆使して、やれることはできる限り実現させた。

たとえ所属していた組織の中で浮いてしまおうが、「関係ない」と気にしなかった。いかに著者が「キャラクター」と「世界観」を豊かにするかを考え続けたのである。

今思えば、当時のスタッフには迷惑をかけることも多々あったと思うが、1人の著者と真剣に向き合い、その人が持っているエネルギーを可能な方面へと放出させるスキルは、10年間の出版社勤務の経験から身についた貴重な財産であることには違いない。イメージ通りにやらせてくれた出版社には心から感謝している。

では、私がキャラクターを立たせるためにやっていたことは何か？

もっとも大切にしていたことが4つあるので、ここに記してみたい。

❶ 何者であるかを認知させること

私自身のことを例に挙げるなら、これまで手がけてきた本の販売部数は1100万部を超えていて、累計153作中、22作が10万部、65作が5万部以上の結果となっている。

これまで編集してきたジャンルも多岐にわたっているが、主につくってきたビジネス本のジャンルでは、通常2万〜3万部にもなればベストセラーといわれる状況の中で、5万部以上読まれた本を、打率で表現するなら5割近い数字でつくってきた。それが私自身の「売り」となる。つまり、何者であるのかを表現する際に、この数字が根拠を示すことになるのだ。

　私自身を言葉で表すなら「ベストセラー請負人」となるだろうか。初めて本を出す人はもちろんのこと、他の出版社の編集者とつくった本が売れなかった人も、私と組むことでベストセラー著者にするのが私の役割だ。

　そのとき必要なのが、**私は何者なのかを明確にすること**、となる。それが具体的であればあるほど、キャラクター全体の背骨がしっかりする。

　だから、私が仕事をするときのアプローチは一貫している。本を出すのは簡単だが、それがベストセラーとなるのは難しい。しかし、私にはそれを実現できるスキルと実績がある……そこを認知させるのだ。

❷ 敵をつくるということ

　少々、尖《とが》った「長倉流」の表現になるが、これは次の項目とも関連した内容になっている。ようは世の中に自分の存在を認知させるときに、「では、いったい何のためにやっているのか？」のわかりやすい例えとして、毒をもって毒を制すようなメタファー的な表現を用いる。それが正当性を帯びた内容なら効果的となるのだ。

引き続き私の場合を例に出すなら、「腐った出版業界」というあえて過激な表現をして、これを仮想敵とするわけ。なぜ、そうするのか？　そこには今、出版業界でどんなことが起こっているのかを知ってもらう意図をはらんでいる。

業界全体の売上は毎年低迷しているにもかかわらず、雨後の筍のように似た新刊本が次々とたくさん刊行される。その理由は、そうでもしなければ出版社の経営が成り立たないからに他ならない。

どんな内容の本だろうが、とにかく出さないことには会社経営が成り立たない。ほとんど資金繰りのためだけに売れない本をつくっている出版社も少なくないのだ。

それに対して「おかしいんじゃないか？」っていう発言をする。

本というのは、もっと大切につくられるべきであり、大切につくれば、これだけ売れるんだぞっていうのを見せつける必要があると私は思っている。それが自分の立ち位置となるわけ。だから仮想敵をつくる意味で、あえて「腐った出版業界」と口にして敵に回すのである。

もちろん、時にはリスクが生じる戦略ではある。しかし、みんなが疑問に感じていることや、おかしいと思っていることにフォーカスすることによって、逆に応援団が生まれることだってあるのだ。

経験からいうなら、「よくぞ言ってくれた！」と支援の手をさしのべてくれる人が後を絶たなかった。そこから「長倉顕太」というプロデューサーは、ベストセラーをつくる人間だというのが、より認知されるわけである。

❸言い切ること

すべてのメッセージを言い切ること。

先ほどの例なら「腐った出版業界」と言い切る。もちろん業界にいる人たち全員が腐っているわけではない。志高くしっかりとした考え方を持った人だって大勢いる。それをわかっているうえで言い切るのだ。

私が「腐った出版業界」という過激なメッセージを持って、どんどん発言していくうちに何が起こったか？　業界でまじめにやっている人たちや、それなりの立場にいる人たちが、私に声をかけてくれるようになった。

「長倉さん、一度、話を聞かせてくれないか？」と。そこから新しい仕事が生まれることもあれば、的確なアドバイスを提供してくださる人もいる（もちろん逆の人たちもいるが）。

自分の気持ちや思いをしっかり言い切らなければ、キャラクターは絶対に立たない。もしも私が、「腐った出版業界の話を聞いても仕方ない。でも１００人くらいはまともな人間がいるね」というメッセージを言おうものなら、まったくキャラクターは立たないのがわかるだろう。すべてを言い切ることが重要なのである。

これは、メッセージを届けるための非常に重要なポイントとなる。そして自分自身のキャラクターを立たせるためにも、自分の考えは言い切らなくてはいけない。それを情報発信のうえで、きっちりやっていくことが重要なのである。

❹一貫性があること

これも極論になってしまうが、やっていることが正しいか正しくないかなんて、実はどっちでもいい。それよりも、その人間が言っていること、やっていることに一貫性があるかどうか……それこそが人間を惹きつける最大の要素となる。

だから私が本をつくるとき、タイトルと帯と「まえがき（または序章）」とプロフィール、ここに一貫性があるかどうかの最終チェックを必ずするようにしている。人間というのは一貫性がないものは絶対に信用しない生き物である。たとえそれが悪いものだとしても、一貫性があるものに惹かれていくのが人間なのだ。

今こそリアルで人に会おう！

ここまでの話をまとめるなら、キャラクターづくりで重要なのは以下の点になる。

○1つ目は「何者なのかを認知させる」こと。
○2つ目は「仮想敵をつくる」こと。仮想敵をつくることによって、メッセージが出しやすくなる。
○3つ目は「言い切る」こと。言い切るメッセージを出し続ける。
○4つ目は「一貫性を持ち続ける」こと。一貫性がないものは信用されない。

この4つを意識しながら、どんどん自分のメッセージを出していく中で、あなたという「キャラクターづくり」が成功していく。このメッセージの出し方は、当然SNSやブログはもちろんのこと、本をどう出すのか、電子書籍をどう出すのか、どんなセミナーをやるのかなど、すべての表現に当てはまることになるのである。

このキャラクターづくりを理解したうえで、もうひとつ私が重要視していることは、**「なるべく多くの人に会ってほしい」**ということだ。

キャラクターづくりというのは、インターネットで情報を発信しながらもできるわけだが、「キャラクター」がより成長&進化していくには、やはり現実のリアルな場で「人に会うこと」が一番なのだ。

人と会い、人と話し、見たり見られたりしながら、人はより磨かれていくもの。また、人と会うことによって、あなたのファンも生まれていくだろう。

本やネットの中だけだとファンはなかなかつくれない。ところがリアルな場で会えば、必ずファンが生まれてくる。それは、ここで挙げた「4つの方法」を明確にすることで、よりファンが応援してくれるようになるからだ。

キャラクターをつくるための「4つの方法」を取り上げたが、まずはエクササイズとして「仮想敵」をつくってみてほしい。そこから、あなたの「何のために動くのか」も見えてくる。

自分がメッセージを出すうえで、どこが敵なのか？　もしかしたら上司かもしれないし、会社かもしれないし、日本の社会かもしれないし、親かもしれないし、同僚かもしれないし、友だちかもしれない。

まずは、どこが敵なのかを考えてつくってもらいたい。それによって、どういうメッセージを出していけば自分のキャラクターが立つのかを考えてみればいい。

もし難しければ、今不満に思っていることで、それを発生させている人は誰なのか？　発生させるものは何なのか？　そんな身近なことでも小さなエクササイズはできるはずだ。

常に「ライブ感」を持てる人間になれ！

そして、私がよく個人をプロデュースさせていただくときにお伝えするのが

「ライブ感を持て」ということである。

ライブとは、生きることである。**「生きること」はリハーサルなんかではない。人生そのものであるし、生放送なのだ。**

これは私の持論だが、多くの人はライブ感を持っていない。それを知らないし、意識もしていないから、「人生」というライブの中でうまくいかない。多くの人がライブ感を持てない最大の理由は、主に次の2つだろう。

○過去のどうしようもないことにクヨクヨ悩んでいるから。
○未来の不安についてずっと考えているから。

過去のことを考えてもしょうがないし、起こるかどうかもわからない未来への不安を抱いたところで、足がすくむだけだ。極論、明日死ぬかもしれないのだから。今この瞬間を考えなければ、今ここにすべてのエネルギーをかけなければ、人生なんてうまくいくはずない。

だからこそ重要なのが「ライブ感」である。

今を力強く生きること、今この瞬間に集中して力強く生きることが、人生を切り拓く大きなきっかけとなる。長倉流プロデュースの根幹には、「ライブ感」があり、目の前にいる人に真剣に向き合えるかどうかであなたが決まるといっても過言ではない。

いつも、心ここにあらずみたいな人間は絶対にうまくいかない。絶対に人を惹きつけられない。なぜなら、そこにはエネルギーがないからだ。エネルギーがあるところに人もお金も運も寄ってくるのが現実なのである。

過去に何をやってきたかなんて、今のあなたには何も関係ない。過去は、しょせん脳の中の情報にすぎない。あなたの価値は今、この瞬間の価値でしかない。時価でしかないのだ。だから、ライブ感を持って生きてほしいと思う。

「問いを立てる力」を養え！

さらに自分の人生を好きなように、自由自在に生きるために重要な力のひとつが**「問いを立てる力」**である。著者だけでなく、経営者のコンサルティングをさせていただくときも、そのことでディスカッションすることが多い。

この国に住む多くの人が自由になりたいと言っている。

「経済的な自由を手に入れよう」とか「精神的な自由を手に入れろ！」みたいな本の企画は売れるから私もつくってきた。しかし、日本は自由だ。

8年間海外で住んできて感じることだが、こんなにも自由な国は他にない。本当は好き勝手にできるのに、ほとんどの人がやっていないだけだ。何もしなくても、すでに自由を手にしていることに気づいていないのだ。

きっと、自由なのに多くの人が満足していないのは、「自在」がないからだろう。**「自由自在」がないからだ。**「自在」とは、自分の意のまま動けるかどうか、自分の思いのまま周りを動かせるかどうかのことである。

それができるようになるためには、「問いを立てる力」が必要だと私は思う。

本来、「問いを立てる力」は誰にでも備わっているものだが、答えが用意されている、かつ答え合わせのための暗記が中心の日本の学校教育によって奪われてきた。

もともと答えが用意されてしまっているので、問いを立てる必要もない。それは、答えに対して違うと言うことが許されない教育である。

そうした教育を小さい頃から受けていると「問いを立てる力」がなくなってしまう。問いを立てないということは、すなわち「考えなくてもいい」ということになる。そうした子どもが大人になると「**情報弱者**」になるのだ。

「情報弱者」とは飛び交っている情報に対して、自分で選択ができないどころか、目の前にやってくる情報に思考を揺さぶられ、そのまま心までもが奪われてしまうことを意味している。不安情報社会が生まれた背景には、「情報弱者」の存在がある。

「情報弱者」を生む学校教育

今の日本の教育では「情報弱者」しか生まれない。つまり情報弱者量産システムとなっているのが現実なのだ。

考えないことにつながるのが、日本の教育のもうひとつの問題点、「選択する教育である」ということだ。

ＡＢＣＤと答えが並んでいて、Ａが正解の場合、それ以外の選択肢については議論の余地がない。なぜＢＣＤは違うのかと考えるよりも、正解のＡを選択するように誘導させられるのだ。

こうした教育によって、子どもが大人になると、どうなるのか？

偉い人が「これは正しい」と言うと、悩まずそれが正しいと鵜呑みにして信じてしまう人が大多数となってしまう。こうしてこの国の諸問題は、ある特定の人たちの思いによって、何の疑問すら持たれずに進められてしまう。日々流れてくるインターネットからのニュースを冷静に眺めているだけで、いかに「情報弱者」的な雰囲気が漂っているかはすぐに理解できるだろう。

こうやって、他人の人生を生きるような人間ばかりがつくられてきた。

いい例が、レールに乗ろうとする人たちだ。いい学校、いい会社、女性なら結婚して子どもを2人くらい産んで、マイホームを所有して……。

そのような生き方が悪いと言っているのではない。そのようなレールに乗るようにと仕組まれている現実がある、ということだ。

レールに乗ったら一巻の終わりだ。

極端な話、周りに気を使いながら、我慢する人生になる。他人のつくった人生を生きるだけのくだらない人生になってしまう。

「問いを立てる力」が失われているから、他人のつくった現実、他人のつくったレールに乗るのが正しいと思い込んでいる。そして、レールに乗るしか選択肢がないと思っているから、就活自殺者が出てくる。

そんなことって冷静に考えればあり得ないだろう。しかし、現実に毎年起きていることなのだ。それは教育のせい以外の何ものでもない。

「問いを立てる力」がなければ他人のつくった答えを受け入れて生きるしかない。それは他人がつくった現実の中で生きているということだから、生きづらいに決まっている。

辛いことだらけだ。しかし、そうやって生きている人が多い。だから、もんもんとした人がこんなにも世の中に存在している。

「問いを立てる力」がどうして必要なのか、どういったときに発揮されるのかを考えてみたい。

人間は、まず感情が動く。感情が動いたときに「問い」が生まれる。

「しまった！」「ムカツク」、何でもいいから感情が大きく動いたときに「なんでそうなるのだ？」というような「問い」が生まれて、自分から生まれた問いに対して、「では、こうやって動いてみよう、こういうふうにやってみよう」と正解らしきものを自力で考えていく。

それをくり返していけば、自分がつくった現実が出来上がっていくのは当たり前だ。そして自分が答えを出したという価値も見いだされる。

それが、自分自身の人生を自由自在に生きるってことなんだ。

感情 ⬇ 問いが生まれる ⬇ 自分なりの答え ⬇ 自分が現実をつくる ⬇ 自分の人生が生まれる

これが、一番「生きている」のを実感できる感情の流れだ。学校教育の中ではずっと「問いを立てる力」を奪われてきているので、これは非常に根深い問題だろう。

だから私は多くの人に「問いを立てる力」をつけさせたい。それができるようになれば、自由自在に生きることができるし、何だってできるようになる。「感じる力」「ライブ感」「問いを立てる力」をつけることによって最高に楽しい人生を歩めると実感しているから、何度も伝えることにしているのだ。

好きな人のためにしか動けない

これまでえらそうなことを書いてきたが、一番重要なのは「誰と」だったりする。結局、人は「誰か」のためにしか頑張れないからだ。

私の場合、どうしようもない人生を歩んでいた20代の後半に、たまたま出版社に拾われて、その結果「著者を勝たせる」という編集の仕事に就いた。だから常に著者が勝つためのことを考えていた。寝ても覚めても。

私の場合、贅沢《ぜいたく》というか当時は今よりも鼻っ柱が強かったので、**「好きな人としか仕事はしたくない」**とポリシーを決めていた。反発もあったが、それを貫き通した。

好きな人のためなら頑張れるじゃないか。

その中でどうすれば著者が勝てるのか、どうすれば本が売れるのかって、これまでの出版業界の中での常識を覆したくて、ずっと考え続けた。

大型書店が毎日、毎時間アップしているPOSデータを穴があくほど眺めたり、書店の現場に通い詰めて、どの場所にどうやって本を置けば読者の目に留まるのか、手に取っていただけるのかを徹底的に調べ上げたりもした。

そうやって頑張っているうちに、自分の能力以上の力が出せるようになってきた。何をどうすれば自分のイメージ通りに仕事が進んでいき、1冊の本がベストセラーとなるのか、その方法が見えてきたのだ。

だから、とにかく動いた。

自分が成長しているときこそ、動きや流れを止めてはならない。そういうときこそ、ギアを1段も2段もアップさせて、さらに自分の力が発揮できるようにスピードを上げていく。見たい景色を自分から求めていった。

そして、動きながらアンテナを張る。より多くの必要な情報を感度よく受信するためのアンテナを24時間、張り続けた。私がよく感覚的な話をするのは、例えるなら感度よく情報を受信するためのアンテナの張り方を伝えることと同じだ。

そして、人生においてもそうだし、ビジネスにおいても同じだが、結局は「**誰とやるか？**」が一番重要になる。私のような凡人がうまく仕事をしながら成長するためには、自分よりも優秀な人たちと組めばいいだけの話なのである。

自分よりも優秀な人と組むことによって、確実に開くのは、自分でも気づかなかった能力の扉であり、可能性の扉である。これまで私自身が関わってきた多くの著者や経営者の人格や力によって成長できた。そして人生がうまく回るようになった。

「好き」に理由はいらない

人と関わることによって成長するときに大切なのが、感覚的にその人を好きになれるかどうかということだろう。

多くの人は誰かと組むとき、メリットを先に考えてしまう。

「この人と組めば、どんないいことがオレにやってくるだろう」とか。

「この人と組めば、どれくらい稼げるだろう」とか。

しかし、そういうことではない。

たとえば、著者を選ぶときなら、「この人は10万人のフォロワーがいるユーチューブをやっているから、この人とやろう」ではいけない。

そういう理由だけでは、まず絶対にうまくいかない。そういう表面的な理由ではなく、**心からその人が好きになれるか**どうかが大切だ。惚《ほ》れ込んで一緒にやれるか、好きになって頑張れるか。

とてもシンプルな自分への問いである。

そのような思いが自分の中にしっかりとあれば、仕事を進めていくうえで起きる想定外のアクシデントも、突破口を見つけながら克服できるだろう。

絶対に負けられない戦いをするわけだから、真剣である。そんな根っこの思いも、相手を好きになって絶対に勝たせるという信念から起きる。それがあるかないかで、戦う前から勝負は決まってくるのだ。

「自信」をつける方法

あなたとその仕事相手の本気度がハンパじゃなければ、周りにいる人間たちも自然と影響されていく。たとえば本に関していうなら、編集者と著者だけが「いいよね」と思っていても本は売れない。

出版社内でも「この本は売れる！」という雰囲気が漂って、それが営業スタッフや広告の力で書店の現場の人にも伝わる。書店のスタッフの人たちが「この本は売れるぞ！」と思って売り場での展開をしていけば、それがお客さんにも伝わって購買意欲へとつながっていく……。

まさしく連鎖なのである。

そのような連鎖や伝播《でんぱ》を生み出していけるかどうかも、最初の私自身、あなた自身の「思い」にかかっているわけ。その思いのエネルギーが強くなければ無理である。巻き込むことも引き寄せることもできない。

結局、重要なのは、**人を信じる力**であり、**自分自身を信じる力**である。

どうして自分を信じる力かといえば、この人が好きかどうかは、自分が決めるからだ。自分の好きだっていう感覚を信じることなんだ。それでしか人生は切り拓けない。

では、自分を信じる力って何かといえば、単純なことだ。文字に書けばわかる通り「**自信**」である。最終的に「巻き込む力」を身につけ、その「巻き込む力」を利用して、多くの人に影響を与えられるようになれば、何が自分の身につくのか……それはさらなる「自信」なのである。

結局は「自信」がなければ、何もできないというのが、このセンテンスの結論になるのである。

第4章

落ちて落ちて「ゼロ」になれ！

Degenerated

自分の小さな価値観を手放せ！

私は仕事柄、人に会って話をする機会が多い。会社の経営者やアーティストのプロデューサー、音楽業界の関係者、社会起業家など、業種も多岐にわたっている。距離的な問題や急ぎの場合は、チャットやズームで打ち合わせを済ませてしまうこともあるが、なるべくなら直接、会って話をするようにしている。

とくに、コロナ以降はますます会うことの重要性を感じている。

世の中の成功者といわれている人は、一般的な価値観（＝他人の価値観）の外にいるものだ。それは会ってみて、ものの見方、言葉の選び方、話し方、興味のあるもの、こだわり……などをつぶさに見ているとよくわかる。

ビジネス書の世界でずっとトップを張ってきた私だからわかることがある。それは、一生懸命、成功法則の本を読んでいる人ほど、成功する可能性は低い。また、いろいろな人のセミナーへ惜しげなく通い、さまざまな人の事例をコレクターのように収集している人ほど、成功からは遠ざかっているように見える。

彼ら・彼女らは知識だけが頭の中で膨らんでいき、時に話をすると饒舌になることもあるが、行動が伴っていないぶん、すべてが机上の空論となってしまう。

だから私が、ことあるごとに伝えてきたのが、

「しがみつくのをやめろ！」

「今、持っている価値観を手放せ」

ということだ。たとえ初めは誰かの価値観であっても、行動し続けているうちに、走り続けているうちに、いつのまにか自分の価値観へと変容する。

それは、「行動する」というアクションが伴っているからである。頭の中での理解と、体を通して五感で味わう体験が、オリジナルな価値観の輪郭をつくっていく。

そこでしっかりと見つめてほしいのが、

「何のためにそれをするのか？」

という自分への問いだ。自問自答をくり返してみてほしい。人生観や目的が明確になればなるほど、独自の価値観は自力で成長していく。

私がいくら声を大にして伝えても、なかなか「他人の価値観」を手放すことができない人が多かった。そのような人には極端な話だが「会社を辞めろ！」とまで言うことも少なくない。

なぜなら、会社にいて給料をもらっているうちは、動物園の動物と同じ。給料という餌《えさ》をもらいながら、会社のルール（動物園のルール）で生きるしかないからだ。

もちろん、きちんとプライドと意義を感じて、自分の役割や仕事を納得しながらまっとうしている会社員だっているだろう。それはそれで立派なことだと思う。しかし、私があえて取り上げる理由は、思いを持って働く自覚もなく、現状に不満を抱きながらも、ふらふらとさまよう「**誰かの人生を生きてしまっている人たち**」があまりにも多いと感じるからだ。

心を定めて働けない人たちにとっては、会社のルールはいうまでもなく、他人の価値観。まずは、ここから抜け出すことが大切だと本当に思う。私も10年以上にわたって会社員をやり、その後、独立してみて本当に辞めることの意味がわかった。

どれくらい、その価値観にしがみついていたのかを私自身が味わったのである。

落ちるだけ落ちてみよう

結局、「他人の価値観」で生きているうちは、どうしても生きている実感が湧かない。なぜなら、それはしょせん「他人の人生」だからである。

これは最後の章でもふれているが、あまりにも「死」が意識できない環境にいるから起きている状況なのだと私は思っている。「死」を意識できないから、「生」も意識できない。日常の中に「生と死」を感じる場面が極端に少ない。

それでも、生きていくには何らかの価値観を持つ必要がある。とくに、日本は宗教が浸透していないことから、自分なりに価値観を探す人が多い。

だからこそ、いつの時代も「自分探し」のようなことをする人が後を絶たないし、求めている気持ちに比例して、何らかの価値観に洗脳されやすい体質なのだ。

最終的には、**「自分の価値観」で生きることでしか、「自分の人生」を生きることはできない**。だから、今すぐしがみついているものを手放すべきだと私は伝え続けているのだ。

私が20代の頃にはまった小説家にチャールズ・ブコウスキーがいる。

はまっていた当時の私と同じ20代前半はアメリカ各地を放浪し、24歳で最初の小説を発表。30代からは詩も書き始め、50歳を過ぎて十数年間勤めた郵便局を退き、いよいよ本格的に作家活動をスタートさせた無類の異端児だった。

彼の作品に登場する人たちは、ほとんどが世間的にはどうしようもない暮らしをしている人たちだった。でも、みんな心が温かい人ばかり。人間臭さがぷんぷん漂っている。

自身も酒に溺れ、その日暮らしのような生活をしていたが、同業の作家やミュージシャン、俳優などには、彼の人柄や作品に対する熱烈なファンがいたことも事実だ。

そんなブコウスキーが次のような言葉を残している。

私の大好きな言葉のひとつである。

You have to die a few times before you can really live.

「本当に生きるためには、まず何回か死ななきゃダメだ」

何回か死ななきゃダメだ……ブコウスキーなりの独特の表現である。本当の自分の人生を生き抜くためには、幾重にも重ねられた価値観や常識を、まるで何度も死ぬような気持ちで脱ぎ捨てていけ！　彼が描く物語は、人の生き様や人生観が等身大の人物たちの日常生活の中で展開されていく。まるで音楽を奏でるように。

「落ちるところまで落ちる」

極端な表現かもしれないが、他人の価値観に縛られて生きている人間は、一度は落ちるような体験をするべきだと私は思っている。「落ちる」は何も自堕落な生き方をすることではない。

それは自分が根こそぎゼロになる体験をするということで、それくらいの覚悟と気持ちがなければ染みついた価値観からは抜けられないほど、今は末期の状態がこの国を覆っているのも事実ではないだろうか。

とくに日本は超生温《なまぬる》いので、多くの人が下を見ないで一生を終えてしまう。生まれたときから地に足がついていない。

生まれたときから誰かが垂らしたロープにしがみついていたわけで、それを手放すのだから、落ちるところまで落ちるしかない。そして、そこで初めて地に足をつけることができるようになるのだ。

身体的な感覚を取り戻せ！

地に足がついたとき、生まれて初めて身体的な感覚が蘇《よみがえ》ってくる。思えば、私たちは生まれてから当分のあいだ親や、身近な大人の価値観に洗脳され、学校で世の中の価値観を植えつけられ、周りの人たちの影響から「周りの人がつくった自分」を演じさせられて生きてきた。

だから、まずは落ちることを意識してほしい。「落ちる」という言葉に抵抗があるなら、「これまでの自分の価値感をとことん疑ってみる」という意識を日常の中で持ってみるのもいい。

自分の好み、自分が選んでいるもの、所有している品々、こだわり、趣味、人間関係、親子の関係、嫌悪感など、多方面から自分を客観視してみることを実行していただきたい。

自分のことが少しずつ見えてきたら、自分を取り巻く環境はどうなのか？　どんなところで生活をしているのか？　をつぶさに見つめてみてほしい。

そのときに、やっと初めて自分の感覚が蘇ってくるに違いない。


話をしていても、自分の言葉で語っていない人があまりにも多すぎる。誰かの言葉を口にしているだけの人がほとんどなのだ。

とくに現代に生きる私たちは日々、大量の情報にさらされている。だからだろう、言語が身体的な感覚よりも優先されてしまっている。身体的な感覚というのは、体で感じた衝動みたいなもの。気配を察知したり、第六感から生まれる「勘どころ」に頼ったりすることだ。

動物のみならず、数世紀前の人間にも、それらの身体的な感覚は残っていたように思う。もっと大自然と密着していた生活の中では、逆に感覚を優先しないと生きていけなかったのだ。微妙で貴重な皮膚感覚が、まるでアンテナのように生きていくための情報をキャッチしていた。

ところが、今の私たちはどうだろうか。

たとえば現代は、レストランに行く前にも、ネットで事前情報を仕入れてから行ったり、映画を観るときでも事前に情報を検索したりしてから、やっと体を動かして行動に移す。

本来、身体的な感動を必要とするべき場面でも、先に言語で情報を受け取っているので、他人のフィルターを通った情報である場合がほとんどだ。それは他人の価値観を通った情報ともいえよう。さらには、その情報をあたかも自分の感想のように話していることも少なくない。

人から嫌われたくない人ほど、人の目や他人の評価を気にし、事前に情報を集めようとする。そうやって自分で感じることをあきらめていく。

本当の自分を「ゼロ」から始める

私たちは、いつのまにか身体的な感覚すらも麻痺させられ、自分の価値基準がないまま歳を重ねていく。そういうふうに生きることに慣れてしまう。当たり前になってしまう。そして、自分の感覚や感情すらもなくなってしまう……。

では、どうすればいいのか。

何をすればいいのだろうか。

まず、「**ゼロになる**」ということから始めてみてほしい。

ゼロになるとは、いったん空っぽになってみることだ。

前述したように、古典的な自己啓発で成功した人たちは、みんなどん底の生活を体験した人ばかりだった。仕事柄、多くの成功者を見てきた私が感じるのも、やはりほとんどの人がどん底時代を経験しているということだ。そしてゼロになり、空っぽになるところから、新しい自分を立て直していく。

そこで、初めて地に足がつく。心がまっさらになるともいえよう。

朝起きて、決まっているからと支度をし、昼が来たから飯を食わなきゃと詰め込み、時間が来たから帰路について、テレビでも観ながら酒を飲んで寝る、そのくり返しで、24時間何も考えずに時計の針通りに生きていく……。

地に足がつくとはそういうことではなく、すべての段取りを自分の感覚で組まなければならない。考えて行動し、体験しながら感性を研ぎすませていく。自分の足で、自分の感覚で生きていく……。そのような体験によって「自分の価値観」が育っていくのである。

身体的な感覚を取り戻す7つの方法

私なりに考えて、おススメする7つの方法を紹介する。いきなり全部は無理だとしても、できるところからチャレンジしてみてほしい。

❶親と距離を取ること

私はよく、「親と縁を切りなさい」と言う。聞かされた人間は度肝を抜かれてしまうが、ようは親も子も互いに甘えるような関係から距離を取れ！ということだ。

私たちが受ける最初の洗脳は、間違いなく親からだ。最初に出会う「他人の価値観」が親。地に足がつかなくなる最初のきっかけをしっかり見つめてみよう。

もちろん、縁を切るまではできない人も多いだろう。ならば精神的にも距離的にもいったん離れてみる。まだ同居しているなら、とっとと家を出ることだ。

人生に迷っている人で親のせいにしている人は意外なほど多い。

小さなときに心に傷を負った……あんなことを言われた、こんなことをされたなど、さまざまな理由を語る。きっと親自身でさえも忘れているような出来事が、子どもにとってはトラウマになるほど残っているケースもめずらしくない。

「親を許していないから、今がうまくいかない」など、いろいろとわけのわからないことを言う人も少なくない。

日本の親はとくに子離れしない人が多い。もちろん逆もしかり。だから、あなたから積極的に距離を取る必要があるのだ。

❷ いらない人間関係は手放すこと

いらない人間関係は全部、捨ててしまおう。付き合いだけの飲み会、義理で集まる同窓会、毎年定期的に集う親戚関係、なんとなくつながっているママ友……など、いろいろとあるだろう。

ここで重要なのは、「楽しいか」ということだけ。その人たちと会いたいと思えて、なおかつ一緒に過ごしていて「楽しい」という感覚が重要だ。

経済的メリットなどは、どうでもいい。世の中的には不毛な人間関係でもいい。「会いたい」と心底思えない相手は全部切り捨てることだ。こういうことを書くと、孤独を怖れる人がいるが、そのへんについてはのちほどふれることにする。

❸自宅を引っ越すこと

この方法もかなり効果的だ。医療の世界では「転地療法」というのがある。これは、病気を改善するため、違う土地で暮らすというものだ。100キロくらい離れるといいといわれているようである。

場所を変えることで気分も変えて、精神面、体質面にも効果があるわけだから、引っ越しすることも精神的な病に悩んでいる現代人には効果が期待できるだろう。人は適応能力に優れた生物だから、すぐに環境に慣れてしまう。慣れてしまうと身体的な感覚は麻痺していく。それを引っ越しによって払拭するのである。

❹お金を使い果たすこと

これは重要なことだ。意味もなくコツコツと貯金している人もいるが、目的もなくお金を貯めていれば、貯まれば貯まるほど人の心は守りに入ってしまうものだ。守りに入れば、想像力や創造力が奪われていく。

私たちはお金を使うことへの罪悪感を植えつけられてしまっている。ところが事業で成功し、お金を稼いでいる成功者は、みんなお金の使い方がうまい。意味不明な無駄遣いはせず、使うときはダイナミックに使う。

かつて、私の元部下で独立した男がいたが、彼は退職後、私の目から見てもビクビクしながら慎重に生きているようだった。会社を辞めたというのに、まったく自由感が漂っていない（それどころか悲壮感が）。聞くと、2〜3か月分の生活費くらいの貯金があるということだった。だから、私は一気に使い切るように伝えた。その後、彼がどうしたかはわからないが、人というのは追い込まれないとなかなか動けないものなんだ。

❺ 会社を辞めること

これは前述した通りだが、会社員の人にとっては一番効果的かもしれない。見える世界が大きく変わるからだ。本当に辞めた瞬間に変わるといってもいい。

私ほど自由に会社員をやってきた人間もいないだろうが、それでも本当に、「もっと早く辞めておけばよかった」と今でもつくづく思う。

しかも、今もそうだが、これからも日本は人手不足になっていく。つまり、いくらでも仕事があるから、恐れることは何もない。

❻海外に1か月以上行くこと

別に海外に行ったからといって何かが起こるわけではない。ただ、言葉が通じない場所に体を移動させるだけで、かえって現実世界に引き戻されて身体感覚が蘇ることになる。言葉の通じない世界では、夢うつつでは生きていけない。

できれば1か月以上は行ってほしい。そのくらい体験しないと身体的な感覚までは浸透しない。私も大学を卒業して、歌舞伎町で働いたあとに、1年くらいニューヨークに住んでいた。たいしてやることもないので、アトランティックシティでカジノに入り浸っていた。

はっきりいって不毛な1年間だったといえる。ただギャンブルをやっていただけだから。しかし、今、振り返ると歌舞伎町時代〜ニューヨーク時代という2年間が、私にとっては地に足をつけて生き始めたときだった。

❼両極を知ること

最後はもっとも重要なことである。

それは、両極を知るということ。上と下、善と悪、陽と陰などいろいろあるが、とにかく両極の世界を知らないと地に足がつかない。自分がどこにいるかがわからないわけだから、どこが地かもわからないことになる。

今はデジタルの世界が主流となっているが、私が再三「人と会え！」と言っているように、デジタルの世界（インターネット）とアナログの世界（人と対面する）の両極を知ることで、これからのコミュニケーションがどのような流れになっていくのかわかるだろう。

このようなことをフェイスブックのタイムラインに投稿したところ、

「カレーも、激辛と激甘の両方を食べないと、どこが中辛かわからないですよね」

みたいなコメントが入っていて、「うまいこと言うな」と感心したことがあった。

本当にその通りで、両極を知らないと何も判断できない。両極を知らないと知ったことにならない。ある意味、両極を知らないから他人の意見に左右されてしまうともいえるだろう。

いかがだろうか。

できれば少なくとも、この中の3つは実行してほしい。それだけでも、少しは身体感覚が取り戻せるはずだ。

ゼロになったはみ出し体験

これからしばらく私の個人的な体験を書いていきたいと思う。私自身、読者に向けていろいろなことを伝えているが、10~20代前半までは、なんとなくみんなと同じように他人の価値観に影響をされながら生きてきた人間である。

10歳から洋楽を聴きまくっていた以外は、部活動をするわけでもなく、アルバイトをするわけでもない。ただ、ヤンキーの生徒が多かった中学時代。ヤンキーが多かったからヤンキーにはならなかったし、みんなが煙草《たばこ》を吸っているから吸わなかった。なんとなく、自分が普通であることにコンプレックスを抱いていた学生時代だったのだ。

一浪して入った大学でも何をするわけでもなく、なんとなく時間を過ごしてきただけ。もちろん、4年生になっても就職活動すらまともにやる気がないから、当然、内定なんてもらえなかった。

そんな無気力な大学生だったが、なぜか「カジノのプロになるためにアメリカに行きたい」と漠然と考えていた。高校時代の愛読書は阿佐田哲也の『麻雀《マージャン》放浪記』だったし、学校をさぼっては麻雀、競馬、パチンコに明け暮れていた毎日だったので、おのずとギャンブルへの憧れはあったのかもしれない。

とりあえず金を貯めようと、卒業間近の4年の冬には、新宿の歌舞伎町で働き口を見つけていた。

職場は予想以上に過酷だった。私の勤務は夜10時から朝10時までで、ずっと立ちっぱなし。ミスをすればケリは当たり前。覚えが悪ければ、ふたたびケリも当たり前。

今まで生温い生活をしてきた私にとっては強烈な体験だった。

実際、毎日2～3人が採用されるものの、残るのは1か月間で1人ほどの割合。先輩従業員の仕事のひとつが新人をいじめることだから仕方ない。

大学も卒業して数か月後のある日、当時住んでいた高田馬場駅周辺での真っ昼間のことだ。忘れもしない5月2日、夜勤も明けて歩いているとき、突然、涙が止まらなくなった。自分でも急な出来事にびっくりして立ちすくんだ。

悔しかった。なんで馬鹿にされながらこんな仕事をやっているのか。路上で涙が止まらなかったのだ。悔しさだけが込み上げてくる。

そのとき、私の中で何か火種がパチッと音を立てて点《つ》いたのがわかった。こうなったら徹底的にやってやろう。辞めるときに「辞めないでくれ」と言われるくらいに、やってやろう。今思うと、このときにあらゆる理不尽を受け入れること、悔しさから這《は》い上がることなどを学んだと思う。

歌舞伎町での体験が私をかなりタフにさせた。それから半年以上、その店では働いた。

結局、歌舞伎町時代に約５００万円を貯めた。世間からはみ出し続けた貴重な体験を終えて、そのままアメリカへと向かったのだ。

自分のスタイルを持つ

20代の前半、アメリカのカジノに入り浸り、ブラックジャックというゲームにのめり込んでいた時期があった。そのときは、日々、勝つ方法を研究し、少額だが毎月利益を出せるまで、**「自分のスタイル」**を確立するために必死だった。

そもそもブラックジャックという競技は、もっとも効率の良いプレイが確立されている。つまり、単純にいうと、カードをもう一枚もらうか、もらわないかというプレイ部分には、まったく考える余地はない。先人が統計学から導き出したベーシック・ストラテジーという戦略があるからだ。

では、どこに、「自分のスタイル」を持ち込む余地があるかというと、それは、賭け金の上げ下げでしかない。簡単に説明すると、ブラックジャックは勝てば賭け金が2倍になって返ってくる。だから同額を賭け続ければ、5勝5敗ならプラスマイナスゼロ。ところが、10回の勝負のうち、1回だけ1000ドルを賭け、残り9回を10ドル賭けたとして、1000ドルのときだけ勝ち、あとは全敗でもトータルではプラスになる。

つまり、勝負は1勝9敗でもトータルでは勝つ。だから、私は自分の性格、過去の勝率などを考慮して、自分のスタイルを確立することにした。その結果、負けないようになっていった。

では、なぜ「自分のスタイル」が重要なのか。それは、「自分のスタイル」を持つことでブレがなくなるから。多くの人が「他人の価値観」や「他人の意見」に影響を受けて、ブレブレの人生を送っていると指摘した通りだ。

そういう人は感情で動く。いや、感情でしか動かない。感情でしか動けない。ギャンブルで感情的になって勝てないのと同じで、人生も感情的になってはうまくいかない。しかし、「自分のスタイル」を持てば、ブレることはなくなる。だから、人生においても「自分のスタイル」を確立する必要があると私は考えている。

そして編集者としてはスタートが遅かった私が、「自分のスタイル」を確立するために目を付けたのが「インターネットの世界」だった。

勝てる場所で勝負する

私が出版業界に入った2002年当時は、出版社がインターネットを使ったマーケティングをほぼやっていなかった時代だった。まさにフロンティアだ。

ただ、日頃から不思議に感じていたのが、出版社が顧客名簿を持っていないという事実。たしかに、本には「愛読者ハガキ」が挟んであるが、それを有効に活用している出版社を私は聞いたことがなかった。

しかし普通に考えても、買ったことがある著者の次回作に興味がある読者は多いはずだ。ところが顧客のリストがないために、次回作が出るお知らせを送ることができない。もしも、知らせるとしたら、新聞広告を出すか、読者が自ら書店に立ち寄らなくてはならないかのどちらかだ。

だから、私は著者自身にしろ、出版社にしろ、メールマガジンを出すことで、効率よく情報を届けようと考えた。

また、出版社のビジネスモデル自体が儲からない仕組みになっていたことも事実なので、それなら私が好きで興味のある音楽業界のような、「**クロスメディア戦略**」を著者に提案することにした。

ミュージシャンにおけるライブ（講演会）、ライブＤＶＤ（講演会ＤＶＤ）などを展開することにより、ひとつのコンテンツからより多くの収益が生まれるように考えていったのである。

私がインターネットを選んだ理由のもうひとつは、「圧倒的に優位に立てる」

と確信していたというのもある。当時のインターネットの世界は、良くも悪くもクオリティの低い情報が圧倒的に多い。

これは考えてみればわかるように、誰でも「情報発信」できるのがインターネットの世界なのだ。当然、ろくでもないコンテンツが氾濫することになる。

そのときに、私が担当していた著者たちのように、良質なコンテンツを配信していけば、圧倒的に優位に立てるという確信があった。誤解を怖れずにいうならば、情報商材といわれる類いのものは99%はゴミのような情報。そんな中できちんとした情報を持つ、私の担当著者の方々が情報を出していったから楽勝だった。

とにかく、凡人の私としては、「どこで戦うのか?」もとても重要だった。

これは私がブラックジャックをやっていたことにも関係がある。

一般的にブラックジャックというゲームでは、ベーシック・ストラテジーという統計学で導き出された戦略を用いれば、控除率は1%程度といわれている。バカラというゲームも控除率は1%を少し上回る程度だが、どうしても外国人相手だと場に飲まれる可能性が高い。だから、私はブラックジャックを選んだ。

ちなみに、日本の公営ギャンブル(競馬、競輪、競艇など)の控除率は25%、宝くじに至っては控除率は50%もある。

私は人生において重要な要素のひとつが、「優位な場所で戦う」ということだと思う。

にもかかわらず、多くの人が闇雲に「戦う場所」を選んでしまっている。イチローがどんなに頑張ってもサッカー選手にはなれない。それと同じことをやってしまっている人が多いのだ。

情報発信で場所をつくる

○自分のスタイルをつくる
○戦う場所を決める

この２つが重要である。とはいえ、「自分のスタイル」を持つというのは簡単ではないと思う人もいるだろう。そこで、私が勧めるのが「**情報発信**」だ。

私は「自分のスタイル」という軸をつくるためには、「書く」という作業がとても有効だと思っている。もちろん「情報発信」ということでいうなら、「書く」

以外にも写真や動画がある。

ただ、普通の人が連続的に実行する場合は、「書く」というのが一番現実的だ。写真や動画はよほどのスキルがないと難しいというのが理由である。

酔いどれ作家のブコウスキーも、

"The words I write keep me from total madness."
「自分が書いている言葉が完全なる狂気から自分を守ってくれている」

と書いている。だから、私は「書く」ことは、自分の軸をつくるのに有効な手段だと確信している。

とくに、私が勧めているのが、ブログやSNSでの「情報発信」。多くの人が最初は抵抗するが、別に誰かに読んでもらうためというより、自己確認の要素が強いからどんなに稚拙でも問題ない。

人によっては、「日記のように、より私的で非公開でもいいじゃないか」と言う人もいるかもしれない。でも、私は、より多くの人の目にふれる発信に意味があると考えている。なぜなら、発信することで、新たな「人間関係」が構築される可能性が高まるからだ。

私たちは生まれてから、ずっと誰かに用意された人間関係の中で過ごしてきた。生まれたときは親が用意した環境であり、学校だって親が選んだ学区内、もしくは私立だとしても親が選んだものが多いだろう。

そして、多くの人にとって、何もかもがその延長線上に存在している。就職先にしても、その後の人間関係も親が用意してくれた延長線上の可能性が高い。なぜなら、現在のあなたの周りにいる人は、1秒前からの過去のあなたと気が合うから付き合っているにすぎないからだ。

過去の連続のうえでの現在なわけだから、結局は、生まれたときからの影響下であり、親の影響下に今でも生きているといっても過言ではないだろう。

「情報発信」を始めると、まったく自分が予期しなかったような出会いが生まれる。何のしがらみもない「人間関係」が生まれる。だから、私は「情報発信」を勧める。初めて、あなたが一から「人間関係」をつくる。つまり「自分で人生をつくる」ことになる。

その最初の一歩として、「情報発信」を強く勧めたい。

組み合わせで価値をつくれ！

○「自分のスタイル」をつくる
○「戦う場所」を決める
○「情報発信」をする

ということが、「自分の人生」を生きるうえで重要だ。

とはいえ、凡人の頭ではそう簡単に優位に戦えない。凡人の頭では強烈なアイデアなんてそうそう生まれやしない。

この章の最後に、凡人が戦うための「頭の使い方」のヒントを書いていきたい。

私が参考にしたのが他業界の事例。多くの成功しているビジネスを見ていると、他業界の戦略を参考にしている場合が多い。

これも当たり前で、ライバル会社たちの大半は、自分たちの業界研究ばかりやっている。それでは良いアイデアは生まれないだろう。私は出版社時代に、「ビ

ジネス書をつくるならビジネス書を読むな」と言っていたくらいで、人材に関しても業界未経験者しか採用しなかった。

そして、私の場合は音楽業界を参考にした。先に書いたが、私は10歳から洋楽ばかりを聴くような少年だった。だから、音楽業界の変遷には詳しかったので、すぐに音楽業界に関する本を読みあさった。

「プロデュース」という視点

さらに、音楽の世界では、プロデューサーという存在が大きいことも発見した。私がやっていた本の編集者は音楽プロデューサーに限りなく近い存在だと思い研究を始めたのだ。

私がもっとも参考にしたのが、リック・ルービンという音楽プロデューサーだった。私が強烈に覚えているのが、1986年の音楽シーンにおけるビースティ・ボーイズとランDMCの活躍。

この2つのグループのプロデューサーこそがリック・ルービン（のちに大ヒッ

トしたレッド・ホット・チリ・ペッパーズの名盤『ブラッド・シュガー・セックス・マジック』のプロデューサーでもある）だ。

彼らの特徴はロックとヒップホップの融合。私の個人的な解釈だが、ヒップホップというマイナーな音楽をロックというメジャーなマーケットに移動させて大ヒットさせた感じだった。

私はこの手法を取り入れて、当時、マニアックだけどコアなファンを持つ著者をビジネス書の世界に引っ張り出し、ベストセラーを連発することに成功した。

この話をしたのは自慢をしたいわけではなく、いろんなアイデアを出す方法が存在し、実際に使えることを伝えたかったからだ。

私は「すごい人」にはなれないが、「すごい人」が使った方法は参考になると思っている。この例のように、「すごい人」の手法を他業界で使うから効くのだ。これが同業界だと「すごい人」にかなわないわけで、他業界でやることに意味があるわけ。

だから、私が考える基本戦略は「組み合わせ」という手法が多い。先ほどのリック・ルービンの例ではないが、何かと何かを融合することで簡単に新たな価値が生まれる。私のような二流は、オリジナルのアイデアを出すことがなかなかで

きない。だったら、

○他業界の事例を採用する
○何かと何かを組み合わせる

という発想が強力だ。私が言いたいのは「勝つための戦略」をいくつも持つ必要があるということ。私が好きな言葉に、「打つ手は無限」というものがあるが、アイデアを出したりするのにも「自分のスタイル」を持つことが重要だ。いくつもの打ち手を持つことであらゆる状況にも対処できるようになり、周りに翻弄されない人生を歩むことができるようになる。

第5章

「言葉」と「お金」をコントロールしろ！

Where is my mind?

稼げない人に共通する思考

世の中には資格を欲しがる人が後を絶たない。あなたも一度や二度くらい、肩書きやプロフィールに資格名を入れている人と遭遇したことがあるだろう。

私にプロデュースを求めてきた人には、例外なくこう言うことにしている。

「**まずは、その肩書きを全部消してください**」

小さなプライドを踏みにじられたとでも思うのか、きょとんとした顔をしながら「えっ？」と戸惑う人がほとんどだ。それでも続けて付け加える。

「どこまでまっさらになれますか？　どこまで自分をゼロにできますか？」

安定やただの肩書きとして存在する資格は、ある意味、「自ら他人に人生を差し出す行為」だと私は思っている。どういうことかというと、それは、その資格を見た他人の考えるラベルを自らに貼《は》り、他人が考えたルールにのっとって行動や仕事を決めることを意味する。

もちろん、医師など高度な技術を必要とするものは、ある一定の技術を担保できないと人命に関わるわけだから重要だろう。または、その仕事が心から好きで、誇りを持っている人にとっては言うまでもない。

それでも、私はあえて言いたい。

「資格を取れば認められる安心」

このような考え方は捨てたほうがいい。はっきり言って、人生が破滅するくらい致命的な思考を植えつけられていると思ってもいい。生きていく楽しみを放棄してしまっていることに値する行為だ。

実際、税理士、会計士、弁護士といった難関資格の平均年収は意外と低いのをご存知だろうか。私から考えれば、単純に割に合わない仕事だ。もちろん、そういった仕事が好きで、その資格がどうしても必要ならば問題ない。

しかし、ほとんどの場合は、資格があれば安定すると思っている人が多い。その典型が公務員試験だったりもするが、私からすれば、ある意味、安定のために人生を差し出したようなもの。

さらに、最近だと「○○協会認定」みたいな民間の資格も増えて、資格を提供するビジネスが密《ひそ》かに流行《はや》っている。ほとんどの場合、これらはインチキで資格を取っても何もできない。こういったビジネスが流行る背景には、まさに「資格を欲しがる人」が多いということがある。

資格と収入はまったく関係ないのが現実だ。

収入という部分だけに注目するなら、その職業のトップ1％の実力があれば、どんなものでも年収1億円は狙えるだろう。資格という肩書きを手に入れ、それで自分が何者かになれた錯覚を起こすようなことは、今すぐにやめたほうがいい。

そろそろ見えない鎧にもならない偽の鎧（資格）で着飾るのはやめよう。

スキルでは人生は変わらない

資格を求める人も多いが、スキルを求める人も多い。実際、私はビジネス書の編集者だったので、多くのスキル本をつくってきたし、それで多くのベストセラーも世の中に放ってきた。

たとえば、「話し方のテクニック」といったコミュニケーション本はよく売れる（もちろん内容と編集次第だが）。よく言われることだが、多くの人にとっての人生の悩みの大半は「人間関係」なので、コミュニケーション関係の本は売れるわけだ。

ところが、こういった本を読んだからといって、それだけですぐさま話し方がうまくなるわけではないし、人生だって簡単には変わらない。もちろん変わる人も稀にいるが、大半は変わらないのが現実だ。実践が伴わなければ意味はない。

もし、そういったスキルが使えるとしたら、

「それらのテクニックを覚えることで、より『相手に興味を持つようになる』から良い関係が築ける」

ということをベストセラー『「心のブレーキ」の外し方』を一緒につくってきた石井裕之さんと仕事をしていく中で学んだ。つまり、スキルそのものには、それほど意味はないということだ。

結局、重要なのは資格やスキルを身につけることではなく、その中でトップになること、またはそれを手にすることでしっかり自主的に動くことだ。

にもかかわらず、いまだに資格が万能だと思ってしまう人がいるということが

問題だと私は言いたいのである。

人生は言葉に支配されている

ただし私が唯一、重要だと思うスキルがある。そのことについて詳しく書いてみたい。あるとき、20代の若者たちの質問に答えるという機会があった。私が受けたのは次のような質問だった。

「もし今、キャリアのない20代に戻ったら、何を勉強しますか?」

私は間髪《かんはつ》を容《い》れずに、こう即答した。

「言葉について勉強します」

私は「**言葉をコントロールする人が、人生をコントロールする**」と思っている。

よく現代文のカリスマ講師である出口汪《ひろし》先生と仕事をする機会をいただくが、先生が常日頃から口にしているのが、

「日本語を話せているからといって、多くの人が、自分は日本語ができると思い込んでしまっている」

という言葉だ。「話せること」と「使いこなせていること」は、まったく違う。

たしかに、これは出版社に勤務し始めてから、私も感じていたことである。たとえば、読者レビューみたいなものがオンライン書店などに掲載されているが、どこかの誰かが使っているような言葉を用いて論を展開する輩が書く、「そんなこと著者は言っていないよ」というような驚くべき内容のものがやたらと多い。

このことから、私は昔から、「読者は勝手な読みをする」と感じていた。

では、読者はどういう基準で「勝手な読み」をするのだろうか。

これがある意味、その人の人生を決めている。それは、その人の価値観で物事を見ているということ。つまり「あなたが読みたいように読んでいる」、または「あなたの価値観に合うように勝手な読みをしている」ということである。

これはかなり恐ろしいことだ。

すでに書いているように、多くの人が「他人の価値観」で生きているわけだから、どんなに本を読んで新しい知識を取り入れようとしても、今まで持っていた「他人の価値観」からは、なかなか抜け出せない。
「他人の価値観」で判断したことを読者レビューでも書き並べるわけだから、著者の意向よりも「他人の価値観」で湧き上がってくる勝手な思い込みで、言葉を並べてしまう。つまり、どんな知識も頭に入るどころか、目にすら留まらない。
それは、あなたの思考のベースになっている「言葉」が他人に支配されてしまっているということを意味している。

言葉を使って思考し、
言葉を使って物事を認識し、
言葉を使ってコミュニケーションする。

そもそも私たちは、このような回路で言葉と対峙しているので、言葉が人生を支配しているといっても過言ではない。使う言葉によって価値観が支配され、コントロールされる。

だから、歴史を見てもわかることだが、昔から他民族を支配しようとするとき、必ず被支配者側が使う言葉を奪う。そして支配する側の国の言葉を強要していく。なぜなら、その瞬間から価値観を支配することになるからだ。それくらい言葉というのは、私たちの人生を決めてしまっていることになる。

私の好きなSF小説にジョージ・オーウェルが１９４９年に書いた『一九八四年』がある。この小説は、ビッグ・ブラザーが支配する近未来国家を描いているのだが、その支配する方法がまさに言葉を奪うことだった。

たとえば、その近未来国家では「ニュースピーク」という言語を使うわけだが、毎年、単語を減らすように辞書が改訂されていく。やがては「反抗」という言葉をなくすことで、人は「反抗」しようとしなくなると見込んでいるのだ。

これはSFの世界の話だが、同じようなことがメディアを使って行われているのが現代社会だと考えていい。言葉は巧みに操作されて、流行そのものも結局は言葉を大量に露出させることでイメージを膨らませていくことが多い。とくに日本のメディアは、政府や大企業の言いなりだと感じないか。

絶対に奪われてはならないもの

言葉を奪われるということは、「人生そのものを奪われる」ことに等しい。にもかかわらず、多くの人が言葉に関して無頓着に生きている。私の場合は、出版社にいたこともあって、言葉に対する感度が強かったのが、今ではとても役立っている。

たとえば、編集者にとって重要な仕事のひとつに、タイトルをつけることがある。残念ながら、本の売れ行きはタイトルで9割決まるといっても過言ではないだろう。よって、どの編集者も原稿を編集していくことと同じように、本のタイトルにも膨大な時間を割いていく。

1冊の本に対して100案以上を考えることだってめずらしくない。私の場合は、普段からタイトルに使えそうなワードがないかとアンテナを張ったり、自分のSNSで「言葉の実験」をしたりしている。どのような言葉にみんなが反応するのかをつぶさに観察するのだ。

この行動グセは独立してからもなくなるどころか、本の編集者からコンテンツプロデューサーへと仕事内容が広がってからは、なおさら活発になってきた。言葉に対する感度を鍛えていくことで、「人がどうやって言葉に支配されてしまうか」もわかっていった。

たとえば、

「自由には責任が伴う」

という言葉がある。私たちの多くがこの言葉を聞いたときに、ほぼ確実に「当たり前のことだ」と捉えて思考停止に陥る。ところが、この言葉を聞いただけで思考停止になるというのは、とても危険なことなのだ。

このことに気づいたのは、当時、現役京大生のベストセラー作家として活躍し始めた池田潤さんと対談したときのことだった。彼のファンには今でも多くの高校生がいるが、その対談の中で、私が「**好き勝手に生きればいい**」みたいなことを言ったところ、多くの若い視聴者から次のような意見が飛び交った。

「**自由には責任が伴うので、なかなかできません**」

これには正直なところ「怖いな」と感じてしまった。人生は、いつでも、どんなときにでもチャレンジできる……それは私の変わらない信条だが、多くの10代

の若者たちが条件反射的に、

「**自由には責任が伴う**」

と、そこから一歩も踏み出せないと決めてしまっている。

いったい「**自由**」＝「**責任**」とは、誰が決めたことなのだ？

「自由」とは自由以外のナニモノでもなく、「責任」は責任として存在している言葉だ。つまり、この2つがセットのようになること自体が決めつけであり、人間の可能性を安易に奪っていることにほかならない。

これは洗脳されていることの証明だ。よくよく考えてみると、この言葉は「脅し」でしかない。「好き勝手やったら痛い目にあうぞ！」という「脅し」でしかないのだ。

言葉は最強の武器になる

よくよく考えてみてほしい。これはとても恐ろしいことだと感じないか？

私たちの社会では、これと同じように、聞いた瞬間、思考停止に陥る言葉がいくつもある。「自由には責任が伴うから、自由というのを手に入れるのは大変だ」と思い込まされてしまうことと同じように……。

「学歴がなければ将来は不安定になる」

「結婚しなければ人として一人前ではない」

「貯金がなければ将来が不安だ」

まさに、前述したＳＦ小説『一九八四年』の世界と同じなのはわかるはずだ。「自由には責任が伴う」という言葉ほど、支配者に都合の良い言葉はない。

本当に言葉は恐ろしい。

私たちは、悲しいかな言葉に支配されている。ならば、そろそろ言葉との向き合い方を見つめていかなければ、この世界を変えることはできない。

だから、私は「**言葉を支配する側に回れ**」と言いたい。

他人の人生を奪うために言葉を支配する必要はない。ただ、言葉を支配する側に回らなければ「自分の人生」を生きることはできない。言葉こそ真の自分をつくるための「最強の武器」だといえるだろう。

その武器を使えるようになるためには、「**書く**」という作業が一番効果的だ。どんどん「書く」訓練をして、「書く」習慣を身につけることが重要になってくる。

金融の世界で感じた不思議な価値

この章ではもうひとつ、私たちを取り巻く重要な「価値とお金」についてもふれておきたい。言葉と同様に大切なことなので、しっかり感じていただきたい。

独立してから、著名な金融コンサルタントの方と仕事をしていく中で、多くの上場企業の社長と会う機会がある。そして、その方を通して上場企業の仕事をさせていただいたりもするのだが、とても不思議に思うことがある。

それは、**「会社の中身は変わっていないのに会社の価値が上下する」**ということ。

つまり、株価が上下する……極端なことをいえば、会社の中身は何も変わっていなくても、株式上場したとたんに会社の価値が10倍になるなんてことも起きるわけ。

これって、不思議だと思わないだろうか。

　また、私は資金繰りコンサルタントの方とも仕事をすることがあり、その中で多くの借金まみれの会社を見てきた。そして、実際にそのような会社の社長にも会わせていただいてきた。

　一見、「借金まみれ」なんていうと悲壮感が漂っているように思うかもしれないが、実際はそんなことはない人が多かった。皆さん、たくましく生きている。よくよく考えてみると、「大企業が1000億円の借金を棒引きした」なんてニュースもあったりする。

　何が言いたいかっていうと、私はいろんな人と仕事をしていく中で、

価値はいい加減
お金はいい加減

ということをずっと感じてきた。すべては実体のあるものではない。価値もお金も、非常に曖昧な世界の中で存在しているものだ。

にもかかわらず、私たちは「**価値＝お金**」と洗脳され、そのお金によって行動を制限されてしまっている。本当に不思議なことばかりだ。

　良い悪いではなく、私たちの世界は価格で価値が決められてしまっている。簡単に言うと、「**価格の高いもの＝価値の高いもの**」という図式で世界ができてい

る。

これは、同じように人についても当てはまる。年収が高い人やお金持ちに対しては、無意識的に「すごい」と感じるもの。もちろん、頭の中では「年収と人の価値は関係ない」と納得はしているものの、身体的な感覚としては「すごい」と感じてしまう。

たとえば、フェラーリが100円なら誰も欲しくないし、価値も感じないだろう。有名進学校が人気になるのも、将来、年収の高い職業に就ける可能性が高いからだ。

くり返すが、良い悪いではなく、これが資本主義社会の現実。

そして、私たちは無意識的にお金によって価値をコントロールされ、見える世界をコントロールされている。

もちろん、私はこの社会に革命を起こそうだなんて、大層なことを考えているわけではない。私1人のちっぽけな力で資本主義のルールは変えられない。

では、何がしたいのか？

私は、このルールを知ったうえで、「どう生きるのか」を考える必要があることを提案していきたいのだ。凡人でも、ちゃんと自分の人生を見据えて生きていけることに気づいてほしい。そうやって力強く生き抜いてほしいのだ。

価値は誰が決めているのか？

「お金」が支配する社会では、商品の価格を他人が決めることが多い。あなたが買うものの大半は他人が価格を決めている。おそらく、多くの人にとっては、これが「当たり前」だと思っているはず。この「当たり前」が怖い。

人は「当たり前」と洗脳されたものにふれた瞬間、思考停止に陥る。だから怖い。

なぜ、怖いのか。それは「価格（価値）は他人が決めるもの」と刷り込まれていくからにほかならない。逆をいえば「価値は自分でつくれない」と無意識的に思い込んでしまうことになる。

では、なぜ、これが恐ろしいのかというと、「価値のあるものは自分以外がつくる」と思い込むことで、自己重要感が感じられず、常に外側に価値を見いだそうとする生き方をしてしまうことになるからだ。

第1章で述べた「すごい人」に憧れるのも同じようなもの。そうやって「他人の価値」で生きていくのだ。

私たちが「自分探し」をしてしまうのも、この「**価値のあるものは自分以外がつくる**」という思い込みがつくり上げてしまったことだと思う。自分自身を探すために内側を見つめず、外に答えを求めてしまうのもその表れだろう。

そのような価値観は、私たちが受けた教育でも刷り込まれてきた。

私たちの受けていた学校教育こそ、まさに「答え合わせの教育」だから。他人がつくった解答を当てる「答え合わせの教育」。考えること、問いを立てることがほとんど体験できない、体験させない教育なのだ。

このような環境で育った私たちは、答え（価値）は他人が決めるものと思い込まされ続ける。その結果、ここでも「**価値は自分でつくれない**」ということを当たり前のように受け入れる人生になっていく。

そして、私たちは「自分の外側に価値を求めて生きる」という意味不明な行動を取る人間になっていくのである。

もっとチップを払え！

でも、よく考えてみてほしい。

何かに価値を感じる
何かの価値を決める

これは、あなたがやるべきだ。そう、紛れもないあなた自身にほかならない。というより、あなた自身以外の誰でもない。たとえ誰かが提示した価値であったとしても、最終的にはあなたが価値を決めているし、当然、決めてもいいわけだ。

何が言いたいかおわかりだろうか？

自分で価値を決められるようになったとき、あなたの人生が「**自分の人生**」になるのだ。他人に決められた価値の世界で生きているうちは「**他人の人生**」。だからこそ、そろそろ自分で決めた価値の世界で生きることを考えようではないか。

そのために重要なのが、「お金」に縛られないで生きることである。

別に、経済的に自由になれ、金持ちになれ（もちろん、なったほうがいいが）

と言いたいわけではない。「お金」の価値観、「お金」の尺度で世の中を見るのをやめようということだ。これを実践していくだけで、**「価値は自分でつくるものだ」**という意識に変わっていく。

だから、私はアメリカのチップ制度はとても良いと思っている。アメリカではレストランで食事をしたり、いろいろなサービスを受けたりしたとき、チップを払う。

お客さんは、サービスが良かったと思えば、たくさんチップを払うし、サービスが悪いと思えば、少なく払えばいい。これは、ある意味、自分で価格（価値）をつける練習になる。価値を決めるのは自分だという訓練にもなる。

もちろん、日本でチップを払う機会は少ないが、常に商品やサービスに対して、

「自分ならいくら払うか」

「自分ならこうやってさらに高くする」

というような思考で毎日生きてみるのは思いのほか訓練になる。

お金とは限りなく回っていくもの

ここまで、私たちがどれだけ「お金」による価値観に振り回されてきたのかを書いた。無意識的に私たちの思考や生き方を決められてきたということ。そして、私たちは思考停止状態にされてきた。

私たちは「お金」に対して思考停止状態になっているため、本来の資本主義社会のルールさえ知らないままに生きている。その結果、多くの人が「お金」に対して苦手意識を持ってしまっている。だから、ここからは私なりの「お金」に対する姿勢を話してみたい。

私は経済の専門家でもないので、「こんなやつもいるんだ」程度に読んでいただければいい。ただ、実践に使える内容なのは保証しよう。

私が経済について最初に不思議に思ったのが、歌舞伎町で働いていたときだった。それは「**お金は限りなく回るもの**」という概念である。

たとえば、そこではギャンブル場にはホストがやってきてお金を使ってくれる。そのホストたちにお金を貢いでいるのが風俗嬢だ。そして、風俗嬢にはギャンブル場のスタッフをはじめ男たちが貢いでいる……。つまり、こういう流れ。

違法ギャンブル場
←
風俗嬢
←
ホスト
←
違法ギャンブル場

当たり前のことだが、ここでしっかり注目してほしいのは、ただお金が回っているだけということだ。これが本来の経済活動なのではないだろうか。

私が使った1000円は誰かの売上になる。そして、その売上でその人はまた何かを買う。こうやってお金を回すことが世の中のためであり、最終的にはふたたび自分にもお金が回ってくる。ただお金を使う、という行為の結果が、マーケティングやビジネスを学ぶことになるのだ。

だから、私は無理矢理お金を使うようにしている。

何も贅沢を謳歌《おうか》しようという小さな発想からではなく、普段からお金の流れを客観的に見るために、お金を使うトレーニングをすることにつながる。そうでないと、いざというときに使えなくなってしまう。

よく言われることだが、「お金は使ってみて、初めてお金として機能する」からだ。

できるだけ借金をしまくれ！

そこで、お金を使いまくることを考えたときに、当然だが「借金」の問題が出てくる。必要以上にお金を使おうと思ったら、借金をすることになるだろう。

不要なもののために借金をするというのは、常識から考えるならおかしいだろう。しかし、私はそれができる人間は必ず成功すると思っている。

先ほども書いたように、お金を使うことが世の中のためになり、人助けにもなる。

私もかつては借金に対しては悪いイメージしか持っていなかった。ところが、編集者になって、すぐに元銀行員で会計コンサルタントの小堺桂悦郎さんの本を担当することになって意識が大きく変わった。

小堺さんとはその後、大ベストセラーとなった『なぜ、社長のベンツは4ドアなのか？』を一緒につくることになるわけだが、その前作で、小堺さんのクライアントの社長数人に会いに行く機会があった。

そこで、年商の4倍にもなる10億円を借りている旅館の社長をはじめ、多くの借金まみれの人たちに会って大きく意識を変えられた。

もともと、私は、「**借金は悪いことであり、借金だらけの会社は潰せばいい**」と思っていたような人間だったが、彼らと会って、「**借りては返しをくり返していくことが経営であり、資本主義のルールだ**」ということに気づいた。

先ほど書いたように、お金を世の中に回し続けることが経済を動かすわけであり、それが借金でもまったく問題ない。

以前の私のように、「借金は悪いことであり、借金だらけの会社は潰せばいい」

という考えでいった場合、彼らの会社が潰れて、従業員やその家族が路頭に迷う。ところが、借りては返しを続けていく限り、すべての人が生活できることになる。

無謀な借金は危険かもしれないが、自分がコントロールをできる範囲での借金は問題ない。むしろ、借金してガンガンお金を使いまくることこそが自分の生存感覚を磨き、世の利益にもなる。

そういう考えになってから、私は借金に対する抵抗もなくなり、

「どうすればもっとたくさんお金を借りることができるのか?」

と考えられるようになった。

そう考えたときに重要なのは、金融機関に信用してもらえるような自分をつくるということ。自分自身の収入や財産を良く見えるようにすることはもちろんだが、借金して返済していくことがさらに重要になる。

というのも、借金を返済し続けるのが一番の信用になるので、常に自分の資産状況なんかを考えるようになっていったのだ。

出会いのためにお金と時間を使おう

「**お金を使え！**」

「**借金をしろ！**」

とはいっても、無闇に使いまくっても意味はない。ブランド品を買ったり、金融投資は勧めない。とくに、金融投資はやらないほうがいい。なぜなら、だまされて終わるからだ。

そこで私が提唱したいのは、

「**出会い**」**にお金を使おう**ということ。

よく言われることだが「**人生は出会いで変わる**」、これは紛れもない真実だ。

誰と出会うのか、何人と出会うのか、そして、いつ出会うのか。

私は幸い28歳のときに拾われた出版社の中西さんという素晴らしい編集長に出会い、その後は著者、ビジネスパートナーに出会ってきて人生が大きく変わった。

まさに、出会いだけで人生を変えてきた。

しかし、これは何も私だけの話ではないはずだ。

では、素晴らしい人に出会うためにはどうすればいいのだろうか。答えは簡単だ。たくさんの人に会えばいい。会って話をして刺激を受ければいい。ただそれだけ。

ところが、そのためには、どうしても「お金と時間」が必要になってくる。

こういう発想も使いようだ。時間はお金で買えることが多い。たとえば、１人暮らしの男性がいたとして、家事を家政婦に任せれば、お金で時間を買ったことになる。今の時代は時間をお金で買える。自分のために時間を有効に使おう。

だから、出会いのためにお金を使ってみようじゃないか。出会いのために借金をする。これが人生に強烈なインパクトをもたらすことになるだろう。

人生の時間は有限だ。

その中でどれだけの人と出会えるかで、人生の質が大きく変わっていく。

第6章

「死」という同伴者とともに生きろ！

Vanishing point

自分の寿命は自分で決める

本書では何度もくり返して、私たちが置かれている「環境」や私たちの「特性」について説明してきた。さらに、どうすればいいかということも書いた。

これからの時代は何が大切になって、世界がどのように変化していくのかについてもふれてきた。

でも、ここで問題がある。それは、**「多くの人が行動しない」**という現実だ。

頭ではわかっている。何をしなければならないのかも理解している。しかし、行動が伴わない。

よく「やりたいことがあるのに、うまく動けない。どう動いていいのか……」と言いながら悩む人がいるが、私から言わせれば、それは本当にやりたいこととは違うのではないかと思う。

なぜか？　本当にそれがやりたいことなら、理屈抜きで動いている。体が反応している。そうだろう。

再三書いているように、日本は生温すぎる。そのため、何も行動を起こさなくても生きていける。私たちには想像できないほどの極貧の中で生活を余儀なくされている人など、この世界にはごまんといる。どのくらいいるのかさえ、今の私たちには想像できないくらいに……。

人間というのは、「現状維持」を望む生き物だ。どんなに頭の中で変わりたいと思っていても、それが本心からの声でなければ行動できない。

私はよく、「痩せたければ食べなきゃいいだけ。でも、食べてしまう」という話をする。私たちは、頭でわかっていても行動できない。

このことは強く認識して生きていったほうがいい。でないと、いつまで経っても行動できないまま、人生は永遠に変わらない結果となる。

そこで私が提唱したいのは、「**自分で寿命を決める**」ということ。

私の場合、自分の寿命は「60歳」と決めているので、残された時間で何がやれるかを常に考えるようにしている。

よく行動できない自分を責めてしまう人もいるが、これはナンセンスだ。なぜなら、それが当たり前だから。それが人間だから。よほどストイックな人でない限り、行動できないのは当たり前。

そこで、できない自分を責めるのではなく、「そういうもんだ」と理解したうえで、どうするかを考えるべきである。できない、動けないならば、もっと気楽に人生と向き合ってみてもいいのではないだろうか。

誰かの人生を生きようとして、逆に自己嫌悪に陥ってしまうなら、いっそのこと気楽に生きてみるのも一手である。そのほうが、よほど健康的といえなくもない。

可能性は無限、しかし時間は有限

私は人の可能性は無限だといつも思っているが、時間だけは有限だと思っている。つまり、寿命を意識しているということだ。このことに私たちはあまりにも無頓着すぎる。

私もあなたも死ぬ。確実に死ぬ。

この世界に生を受けてから、死は確実に迫ってくる。

そこから逃れることは誰にもできない。

これは揺るぎない事実だ。しかも、もっというなら、その「死」は突然やってくるかもしれない。だから、私は、

「『現状維持』をし続けることに意味はない」

「せっかく、リスクの少ない国に生まれたのだから、いろんな経験をしなければもったいない」

「自分で自分の寿命を設定するべきだ」

「すべてのことにおいて『終わり』を意識するべきだ」

そういうことをいつも思っているし、口にもしている。

現在、多くのプロジェクトに関わっていて、それなりにうまくいっているが、いつも「終わり」を意識する毎日である。別に意識して終わらせたいわけではなく、今の状況がいつまでも続くとは思わない、ってことを意識の片隅に置いている。

今の状況は近い将来、終わる可能性が高い。それは人生も同じなのだ。しかし、多くの人は現状が永遠に続くと思いがちであり、その結果、時間だけが無情に、無意味に、過ぎてしまっている人も多い。

「すごい人」でもない限り、自らの意思で変化のために行動できる人はいない。

だから、私は「終わり」を意識するようにしている。そこから逆算して、今できることに全力を注ぐようにしている。

「メメント・モリ」を意識する生き方

ヨーロッパの中世末期、盛んに使われていたのが「メメント・モリ(memento mori)」という言葉だった。これはラテン語で「**いつか自分が死ぬことを忘れるな**」の意味。「死を記憶せよ」などともいわれ、最近では音楽や小説、美術などのテーマやモチーフなどにも使われてきた。

「生きることとは何か?」とは「死ぬこととは何か?」を知ることでもあると私は思っている。

キリスト教的な宗教観が絡んでくると、この言葉は「天国・地獄・魂」の救済と色濃く結びついてくるので、ここではあえて言及しない。「死」の本質を問うには、私はあまりにも知識と感性を持ち合わせていないという理由もある。

ただ、生きていくための動機として、死を見つめることは意義のあることだと考えている。ところが、「死」を考えることはできても、その答えを出すことはできない。「死」とは「生ではないもの」としかいいようがなく、ようは「生と死」とは、「ある」か「ない」かの世界だ。

たとえば、私がプロデュースした本やコンテンツは、もし私の肉体が死を迎えたとしても、残るものは残るだろう。しかし、それは「私の生」が残ったことにはならない。残っているのは、私の意識が動いた結果の創造物にすぎないからだ。

生き方は人それぞれだし、一生懸命に生きたい人は、それはそれで素晴らしい方法だろう。生きていけばいい。私がここで言っておきたいのは、死の本質を問うことではなく、**死を意識しながら有限の時間を使い尽くせ！**　ということだ。

人は、生きたいようにしか生きられない。

そのエネルギーが、今、目の前にある文明をも創造してきた。

しかし、文明の進化は、時に行動することの大切さを忘れさせてしまう。

便利や快適が人間の生への欲求を薄めてしまう。

だからこそ、私はいつも言っておきたい。

「**いつか自分が死ぬことを忘れるな**」

本当に自分を変えたければ、植えつけられてきた価値観や常識から離れ、真の自分を取り戻したいならば、死を意識しながら動くことをおススメしたい。そこから真剣に考えたとき、必ず自分のやること、やれることが見えてくるはずである。

「終わり」が最大のエネルギー

私はマーケターでもあるので、さまざまな市場を観察しながら実感することがある。それは新商品を期間限定で発売した場合のことだ。面白いことに、発売期間の最初と最後の売上が高くなるのである。

最初に買う人は、その商品を待っていた人で、最後に買う人は気になっていたけど迷っていた人となる。迷っている人にとっては、「終わり」が来ることで「行動」に移せたというわけだ。これが行動心理学から見ても普通の人の欲求である。

行動できない人というのは、このような私たちの習性を理解しないまま、「行動しなければならない」という義務感の中でどんどんモチベーションを下げていってしまう。

ところが、最初から「モチベーションなんてない」って思って、行動を促すために「終わり」を設定していけば、いつのまにか「行動」できているわけだ。

私たちの行動を妨げるものに「義務感」がある。行動を妨げると書いたが、モチベーションを下げるとも言い換えられるだろう。

あなたも経験があると思うが、義務化したとたんにモチベーションがなくなるのが人間だ。

たとえば、週3回セックスをしているカップルがいるとして、あるとき「これから週3回、セックスをすることにしよう」と宣言したとたんに、モチベーションがなくなってしまう。今まで行動できたものですら、義務感を感じることでモチベーションが下がり、できなくなってしまうのだ。

「**しなければならない**」という義務感ほど、私たちのモチベーションをなくすものはない。だから、人生から「義務」をなくしていったほうがいい。普段から「義務」が人生に入り込まないように注意していかなければいけない。

では、義務感はどこから生まれるのだろうか。

それは「約束」から生まれる。それは俗にいう「〜ねばならない」の世界。何かが起きたときに、さも決まりごと（約束）のようになっている常識や価値観。私たちの環境には、実はこのような「約束」が思いのほか存在している。

だから、なるべく「約束」をしない＝決めつけないことも重要だ。ただ、人生を生きるうえでまったく約束をしないのは、社会不適合者とみなされる怖れがある。だから、私が実践しているのは、

「**行動を約束するのではなく、結果を約束する**」

ということ。どんなことでもプロセスはつまらないもの。なぜなら、プロセスは行動だから。でも、結果は「終わり」だ。だから、結果を約束したほうがモチベーションもなくならない。あくまでも結果を意識して行動すること。

もちろん、きちんとしたプロセスがあるから結果が出るともいえるが、不思議なことにプロセス（行動）を約束するとモチベーションがなくなってしまう。だから、結果を約束するべきだと私は考えている。

私は、「**結果は生み出されるもの**」と思っている。作為的につくられるものではなく、結果が出る環境を整えることによって、必然的に出るのが結果である。

これは、日本を代表する工業デザイナーの柳宗理氏がエッセイの中で、
「美は生み出されるもの」
という表現を使っていることから、自分の考えは間違っていなかったと激しく共感した。美も、結果も、つくられるものではなく、生み出されるものなのだ。プロセス（行動）ではなく、結果を約束することで、どのような環境において、それがなされるのかにフォーカスがいくようになる。これこそ私が重要だと考える点だ。

結果を求めるがゆえに、それを実現させるための方法（＝環境）が段取りされていく。なぜそれをやるのか？　誰とやるのか？　何が必要なのか？　そうやって環境が整っていくのである。

人間というのは社会性の動物といわれる。と同時に、環境適応能力の高い動物でもある。だからこそ、結果が出る環境さえ整えば、必然的に体も心も結果に向かって勝手に動き出す。

実際、結果の出ている人は、無理矢理行動しているわけではない。むしろそのようなことをしたら、結果なんて出ないだろう。環境の中で自分の感性や行動を研ぎすまし、流れに乗るようにして振る舞っていく。

逆に、結果が出ていない人ほど悲壮感が漂う環境に身を置き、言い訳と嘆きの中でなかなか成功の扉を開けようとしない。

安定よりも情熱を！

行動することの「約束」とともに私たちのモチベーションをなくすものが、もうひとつある。それは「安定」だ。

これも皮肉なことに、「多くの人が安定を求めるが、安定が手に入ったら退屈になる」ということが起きてしまう。安定が手に入ってしまったとたんに行動する意欲が萎えてしまうことが多い。

優秀な経営者はそのことを知っていて、事業が順調なときにこそ次の手を考える。うまくいっているからといって、過剰な事業の拡大をしたり、お金の流れを変えたりはしない。

気分が安定しているときにこそ新しいプランを追求するなどで、さらにモチベーションを上げていくのだ。

人というのは、無意識的に安定を求めてしまう。今の時代は本当の安定なんてないと頭でわかっていながらも、身体では安定を求めてしまうのだ。いまだにいい学校を卒業し、大企業に就職することが真の安定だと思っている人も少なくない。

実際、安定したとたんに自分の能力の限界が訪れることもある。

私の事例で恐縮だが、独立直後に顧問契約をしている企業が約10社あった。やはり独立したてというのは気持ちも事業も不安定だったので、顧問契約をたくさん取って少しでも安定を図る方針だった。

毎月の顧問料を数十万円ほどいただく企業が約10社あったわけだから、事業の「安定」を図ることはできた。ところが、時間が経つにつれて、新しいチャレンジをさせてくれる会社以外は情熱を持つことができなくなり、頭を下げてお断りさせていただいた。

あのまま「安定」という目的だけでお付き合いを続けていても、互いに何のメリットもなくなる……。そう判断したのだ。

「安定は情熱を殺し、不安は情熱を高める」

フランスの小説家、マルセル・プルーストの言葉である。

だから、私は積極的に「不安定」を狙っていく。「不安定」こそが行動の原動力になると知っているから。

「約束」と「安定」を人生から排除することで、だいぶ行動力がついてくる。つまり、現実世界が動き出すのである。

生き様よりも死に様を！

私たちは、とかく見栄をはったり、自分を大きく見せたりして、人よりも自分が有利であることを見せつけようとする。人より少しでも自分のほうが勝っていることで自分が立っている位置や存在理由を証明しようとしてしまう。そして、そこに安らぎを感じてしまう人も少なくない。

私たちは生まれてからずっと、他人に認められることを強いられ、他人の目を気にするように生きてきてしまっている。その結果、「自分の人生」を生きているという身体的な感覚が希薄なまま、人生の大半を過ごしていってしまうのだ。

そろそろ、そのような常識や価値観は捨ててしまおう！

せっかくこんな豊かな世界に生まれてきたわけだから、もっと自分勝手に生きることをしてはどうだろうか。

人生なんて、しょせん暇つぶし。

だったら、見栄をはったり、我慢などしたりしないで楽しくいこう。

限られた時間の中で悔いのない人生を送ろう。

死んだあとに、多くの人の思い出の中で生きられれば最高ではないか。

さあ、今この瞬間から自由自在に生きていこう。

〔単行本版〕あとがき　二流同盟に入りませんか？

最後まで読んでくれてありがとう。

あるミュージシャンが、

「デビューアルバムは、それまでの人生のすべてが詰まっている」

と言ったように、私のデビュー作にも、私の41年間が詰め込まれている。

私は常日頃から、ミュージシャンのデビューアルバムは必ず聴くようにしていた。なぜなら、そこに彼らの本質があるからだ。

もちろん、荒削りな部分もあるだろう。

それでも多くの場合、デビューアルバムは最高傑作だ。

私は編集者として、これまで数百冊の本に関わってきたが、著者としては本書がデビュー作となる。電子書籍は多数刊行しているものの、あれは私にとっては書籍ではなく新しいメディアという捉え方をしてきた。

よってこの本は、最初の1行目からまっさらな気持ちで書き進めていった。

多くの場合、本というのは著者の一部の主張しか盛り込めないこともあるが、この本は違う。私のすべてを1冊に込めたつもりだ。

「一流」たちの情報により、私たちは「自分もそうなりたいという欲望」を喚起させられるとともに、「できない自分に絶望」を感じずにはいられない。

だからある意味、この本の中で展開した主張は、見たくない部分を見せられたような「残酷さ」を与えてしまったかもしれない。しかし、私は、これこそが現代を「面白く」「楽しく」生きるのに必要な考え方だと確信している。


この本に書かれていることは、私が編集者としてやってきたことを「否定」するものだと感じる人もいるだろう。でも、これが今の私の「正直」な気持ちだ。

出版社を辞めて独立してから3年が経ち、その間に徹底的に多くの人たちと向き合ってきてわかったことがたくさんある。

それらを踏まえたうえで出した結論を、ありったけの文章力でまとめてみた。

超一流の二流をめざせ！

原稿を書く前から決めていた本書のタイトルでもあるこの生き方は、本当に私たち凡人に「希望」を与える考え方だと確信している。なぜならば二流でも一流の結果が出せる時代になったからだ。

最後に、現存する人物で世界一ＩＱが高いといわれるテレンス・タオという人の言葉を記そう。

You all have very promising futures, but it's not a race. Take your time to find something you love and stick with it.

「あなたたちには輝かしい未来がある。でも、それはレースではない。だから、あなたが愛し、熱中できるものを見つけるために人生を使いなさい」

彼は２歳ですべての計算をこなし、９歳で高校生相手に教鞭《きょうべん》を取っていたという天才だ。そのような人でも、こんな言葉を残しているのだ。
結局、一流だろうが、二流だろうが、やることは同じ。ただ、自分を知って、自分に正直に生きるだけなのだ。だから、能力も才能も関係ない。ゼロから「自分の人生」をつくるだけだ。

今後も、「二流としてどうやって一流の結果を出していくのか？」ということをテーマに情報発信をしていくつもりだ。ぜひ、私の公式サイトにアクセスしてみてほしい。私は、本は「出会い系」だと思っているので、これからも読者を集めて「面白く」「楽しく」生きる輪を広げていきたい。

謝辞

本書を出版するにあたっては、サンマーク出版の編集者・鈴木七沖さんの力なくしては実現しませんでした。また、出版を許可してくれた同社の植木宣隆社長にも感謝したい。私が出版業界でもっとも尊敬している人です。
そして、28歳の何もできない私を出版の世界に引き入れてくれただけでなく、たくさんのことを教えてくれた中西謡さん。中西さんとの出会いがなければ、その先に出会う人の誰にも出会えなかった。本当に感謝しかありません。

そして、私にたくさんの本をつくるチャンスをくれた著者の方々。それぞれの作品が生まれる過程ではたくさんのドラマがあり、たくさんの勉強をさせていただきました。そして、本を通じて出会った読者の方々にも心からの感謝を。

私は本当に出会いに恵まれてきました。

そのおかげで本書が書けたと思います。ありがとうございます。

2015年7月のニューヨークにて

長倉顕太

文庫版　あとがき

最後まで読んでくれて、ありがとう！

どうだったろうか？

ぜひ、本書を読んで感じたことをアウトプットしてほしい。

アウトプットはどんな形でもいい。ネット書店にレビューを書いてもいいし、
SNSで発信してもいい。また、本書に書いてあることを実践することもアウトプットだ。

できれば、今すぐやってほしい。

すぐに行動に移すことでしか、自己啓発本の価値はないからだ。

私は自己啓発本に影響を受けてきた。おかげで人生も大きく変わった。

結局、自己啓発本を活かすも殺すも行動するかどうかだ。

そして、もう一つお願いがある。

私は自分でも本をこれまでに9冊出してきた。ほかに著者のプロデュース業もやっている。私がやってほしいのは「著者に会いに行く」こと。

私は出版社に入ったことで大きく人生が変わったわけだが、大きな要因は著者に会えたことだ。

人生は出会いで決まる。

だから、どんどん会いに行こう。講演会に行ってもいいし、オンラインサロンに入ってもいい。いまでは多くの著者がＳＮＳなどで情報発信をしている。

積極的に情報を取りにいこう。私も各種ＳＮＳをやっているし、メルマガも発行している。よかったら、左下の二次元コードよりメルマガを登録してほしい。プレゼント企画なんかもあるので。

最後に謝辞を述べて終わりにしたい。編集を担当してくれた光文社の堀井朋子さん、堀井さんを紹介してくれた光文社の森岡純一さん、原著の編集を担当してくれた鈴木七沖さん。そして、光文社の方々、取次、印刷会社、書店の方々のおかげでメッセージを届けることができた。

本当にありがとうございました。

２０２２年８月末　エースホテル京都にて

長倉顕太